中·华·冰·雪·文·化

图　说
冰雪体育

李祥　编著

学苑出版社

图书在版编目（CIP）数据

图说冰雪体育/李祥编著 .—北京：学苑出版社，2024.1

（中华冰雪文化图典/张小军主编）

ISBN 978-7-5077-6446-8

Ⅰ.①图… Ⅱ.①李… Ⅲ.①冰上运动—体育运动史—中国—图集②雪上运动—体育运动史—中国—图集 Ⅳ.① G860.92-64

中国版本图书馆 CIP 数据核字（2022）第 120862 号

出 版 人：	洪文雄
责任编辑：	杨 雷　张敏娜
编　　辑：	李熙辰　李欣霖
出版发行：	学苑出版社
社　　址：	北京市丰台区南方庄 2 号院 1 号楼
邮政编码：	100079
网　　址：	www.book001.com
电子邮箱：	xueyuanpress@163.com
联系电话：	010-67601101（营销部）、010-67603091（总编室）
印 刷 厂：	中煤（北京）印务有限公司
开本尺寸：	889 mm×1194 mm　　1/16
印　　张：	9.25
字　　数：	125 千字
版　　次：	2024 年 1 月第 1 版
印　　次：	2024 年 1 月第 1 次印刷
定　　价：	98.00 元

《中华冰雪文化图典》编委会

主　编： 张小军　洪文雄

副主编： 方　征　雷建军

编　委：（按姓氏笔画排序）

王卫东　王建民　王建新　王铁男　扎西尼玛
方　征　白　兰　吕　植　任昳霏　任德山
李作泰　李　祥　杨宇菲　杨福泉　吴雨初
张小军　单兆鉴　居·扎西桑俄　洪文雄
洛桑·灵智多杰　高煜芳　郭　净　郭　磊
萧泳红　章忠云　梁君健　董江天　雷建军
潘守永

人类的冰雪纪年与文化之道（代序）

人类在漫长的地球演化史上一直与冰雪世界为伍，创造了灿烂的冰雪文化。在新仙女木时期（Younger Dryas）结束的1.15万年前，气候明显回暖，欧亚大陆北方人口在东西方向和南北方向形成较大规模的迁徙。从地质年代上，可以说1.1万年前的全新世（Holocene）开启了一个气候较暖的冰雪纪年。然而，随着工业革命以来人类对自然环境的破坏，"人类世（The Anthropocene）"概念惨然出现，带来了又一个新的冰雪纪年——气候急剧变暖、冰雪世界面临崩陷。人类世的冰雪纪年与人类活动密切相关，英国科学家通过调查北极地区海冰融化的过程，预测北极海冰可能面临比以前想象更严峻的损失，最早在2035年将迎来无冰之夏。197个国家于2015年通过了《巴黎协定》，目标是将21世纪全球气温升幅限制在2℃以内。冰雪世界退化是人类的巨大灾难，包括大片土地和城市被淹没，瘟疫、污染等灾害大量出现，粮食危机和土壤退化带来生灵涂炭。因此，维护世界的冰雪生态，保护人类的冰雪家园，正在成为全世界的共识。

中华大地拥有世界上最为丰富的冰雪地理形态分布，中华冰雪文化承载了几千年来博大精深的优秀传统文化，蕴含着人类冰雪文化基因图谱。在人类辉煌的冰雪文明中，中华冰雪文化是生态和谐的典范。文化生态文明的核心价值是人类与自然之间的文化多样性共生、文化尊重与包容。探讨中华冰雪文化的思想精髓和人文精神，乃是冰雪文化研究的宗旨与追求。《中华冰雪文化图典》是第一次系统研究中华冰雪文化的成果，分为中华冰雪历史文化、雪域生态文化和冰雪动植物文化三个主题共15本著作。

一

中华冰雪历史文化包括古代北方的冰雪文化、明清时期的冰雪文化、民国时期的冰雪文化、冰雪体育文化和中华冰雪诗画。

古代北方冰雪文化的有据可考时在旧石器时代晚期到新石器时代前期。在贝加尔湖到阿尔泰山的欧亚大陆地区，曾发现多处描绘冰雪狩猎的岩画。在青藏地区以及长白山和松花江流域等东北亚地区，也发现了许多这个时期表现自然崇拜和动植物生产的岩画。考古学家曾在阿勒泰市发现了一幅约1万年前的滑雪岩画，表明阿勒泰地区是古代欧亚大陆冰雪文化的重要起源地之一。关于古代冰雪狩猎文化，《山海经·海内经》早有记载，且见于《史记》《三国志》《北史》《通典》《隋书》《元一统志》等许多古籍。古代游牧冰雪文化在新疆的阿尔泰山、天山、喀喇昆仑山三大山脉和准噶尔、塔里木两大盆地尤为灿烂。丰富的冰雪融水和山地植被垂直带形成了可供四季游牧的山地牧场，孕育了包括喀什、和田、楼兰、龟兹等20多个绿洲。古代冰雪文化特有的地缘文明还形成了丝绸之路和多民族交流的东西和南北通道。

明清时期冰雪文化的特点之一是国家的冰雪文化活动，特别是宫廷冰嬉，逐渐发展为国家盛典。乾隆曾作《后哨鹿赋》，认为冰嬉、哨鹿和庆隆舞三者"皆国家旧俗遗风，可以垂示万世"。冰嬉规制进入"礼典"则说明其在礼乐制度中占有重要位置。乾隆还专为冰嬉盛典创作了《御制冰嬉赋》，将冰嬉归为"国俗大观"，命宫廷画师将冰嬉盛典绘成《冰嬉图》长卷。面对康乾盛世后期的帝国衰落，如何应对西方冲击，重振国运，成为国俗运动的动力。然而，随着国运日衰，冰嬉盛典终在光绪年间寿终正寝，飞驰的冰刀最终无法挽救停滞的帝国。

民国时期的冰雪文化发生在中国社会的巨大转型之下，尤其体现在近代民族主义、大众文化、妇女解放和日常生活之中。一些文章中透出滑冰乃"国俗""国粹"之民族优越感，另一类滑冰的民族主义叙事便是"为国溜冰！溜冰抗日！"使我们看到冰雪文化成为一种建构民族国家的文化元素。与之不同，在大众文化领域，则是东西方文化非冲突的互融。如北平的冰上化装舞会等冰雪文化作为一种日常生活的文化实践，在东方与西方、传统与现代、精英与百姓、国家与民众的文化并接过程中扮演了重要的角色，形成了中西交融、雅俗共赏、官民同享的文化转型特点。

近代中国社会经历了殖民之痛，一直寻求着现代化的立国之路。新文化运动后，舶来的"体育"概念携带着现代性思想开始广泛进入学校。当时清华大学、燕京大学、南开大学等均成立了冰球队，并在与外国球队比赛中取得不俗战绩。1949年新中国成立后，"发展体育运动，增强人民体质"成为"人民体育"发展的基本原则，广泛推动了工人、农民和解放军的冰雪体育，为日后中国逐渐跻身冰雪体育强国奠定了基础。

中华冰雪诗画是一道独特的风景线。早在新石器和夏商周时代，已经有了珍贵的冰雪岩画。唐宋诗画中诗雪画雪者很多，唐代王维的《雪中芭蕉图》是绘画史上的千古之争，北宋范宽善画雪景，世称其"画山画骨更画魂"。国家兴衰牵动许多诗画家的艺术情怀，如李白的《北风行》写出了一位思念赴长城救边丈夫的妇人心情："……箭空在，人今战死不复回。不忍见此物，焚之已成灰。黄河捧土尚可塞，北风雨雪恨难裁。"表达了千万个为国上战场的将士家庭，即便能够用黄土填塞黄河，也无法平息心中交织的恨与爱。

二

雪域生态文化包括冰雪民族文化、青藏高原山水文化、卡瓦格博雪山与珠穆朗玛峰。

中华大地上有着世界之巅珠穆朗玛峰和别具冰雪文化生态特点的青藏雪域高原；有着西北阿尔泰、天山山脉和祁连山脉；有着壮阔的内蒙古草原和富饶的黑山白水与华北平原；有着西南横断山脉。雪域各族人民在广袤的冰雪地理区域中，创造了不同生态位下各冰雪民族在生产、生活和娱乐节庆等方面的冰雪文化，如《格萨尔》史诗生动描述的青稞与人、社会以及多物种关系的文化生命体，呼唤出"大地人（autochthony）"的宇宙观。

青藏高原的山水文化浩瀚绵延，在藏人的想象中，青藏高原的形状像一片菩提树叶，叶脉是喜马拉雅、冈底斯、唐古拉、巴颜喀拉、昆仑、喀喇昆仑和祁连等连绵起伏的山脉，而遍布各地的大大小小的雪山和湖泊，恰似叶片上晶莹剔透的露珠，在阳光的照耀下熠熠生辉。青藏高原上物种丰富的生态多样性体现出它们的"文化自由"。人类学家卡斯特罗（E. de Castro）曾提出"多元自然论（multinaturalism）"，反思自然与文化的二元对立，强调多物种在文化或精神上的一致性，正是青藏高原冰雪文化体系的写照。

卡瓦格博雪山（梅里雪山）最令世人瞩目的是其从中心直到村落的神山体系。如位于卡瓦格博雪峰西南方深山峡谷中的德钦县雨崩村，是卡瓦格博地域的腹心地带，有区域神山3座，地域神山8座，村落神山15座。卡瓦格博与西藏和青海山神之间还借血缘和姻缘纽带结成神山联盟，既是宗教的精神共同体，也是人群的地域文化共同体。如此无山不神的神山体系，不仅是宇宙观，也是价值观、生活观，是雪域高原人类的文明杰作。

珠穆朗玛峰白雪皑皑的冰川景观，距今仅有一百多万年的历史。然而，近半个世纪来，随着全球变暖，冰川的强烈消融向人类敲响了警钟。从康熙年间（1708—1718）编成《皇舆全览图》到珠峰出现在中国版图上，反映出中西方相遇下的帝国转型和主权意识萌芽。从西方各国的珠峰探险，到英国民族主义的宣泄空间，再到清王朝与新中国领土主权与尊严的载体，珠峰"参与"了三百年来人与自然、科技与多元文化的碰撞，成为世人瞩目的人类冰雪文化的历史表征。今天，世界屋脊的自然生态和文化生态保护形势异常严峻，拉图尔（B. Latour）曾经这样回答"人类世"的生态难题：重新联结人类与土地的亲密关系，倾听大地神圣的气息，向自然万物请教"生态正义（eco-justice）"，恭敬地回到生物链上人类应有的位置，并谦卑地辅助地球资源的循环再生。

三

冰雪动植物文化包括青藏高原的植物、猛兽以及牦牛、藏鹀、猎鹰与驯鹿。

青藏高原的植物充满了神圣性与神话色彩。如佛经中常说到睡莲，白色睡莲象征慈悲与和平，黄色睡莲象征财富，红色睡莲代表威权，蓝色睡莲代表力量。青藏高原共有维管植物1万多种，有菩提树、藏红花、雪莲花、格桑花等国家一级保护植物和珍贵植物品种。然而随着环境的恶化和滥采乱挖，高原的植物生态受到严重威胁，令人思考罗安清（A. Tsing）在《末日松茸》中提出的一个严峻问题：面对"人类世"，人类如何"不发展"？如何与多物种共生？

在青藏高原的野生动物中，虎和豺被世界自然保护联盟列为等级"濒危"的物种，雪豹、豹、云豹和黑熊被列为"易危"物种。在"文革"期间及其之后的数十年中，高原猛兽一度遭到大肆捕杀。《可可西里》就讲述了巡山队员为保护藏羚羊与盗猎分子殊死战斗的故事，先后获得第17届东京国际电影节评委会大奖以及金马奖和金像奖，反映出人们保护人类冰雪动物家园的共同心向。

大约在距今200万年的上新世后半期到更新世，原始野牦牛已经出现。而在7300年前，野牦牛被驯化成家畜牦牛，成为人类生产、生活的重要伙伴。《山海经·北山经》有汉文关于牦牛最早的记载。牦牛的神圣性体现在神话传说中，如著名的雅拉香波山神、冈底斯山神等化身为白牦牛的说法；中华民族的母亲河长江，藏语即为"母牦牛河"。

青海藏南亚区位于青藏高原东南部边缘，地形复杂，多南北向深切河谷，植被垂直变化明显，几百种鸟类分布于此。特别在横断山脉及其附近高山区，存在部分喜马拉雅—横断山区型的鸟类，如雉鹑、血雉、白马鸡、棕草鹛、藏鹀等。1963年，中国科学院西北高原生物研究所科考队在玉树地区首次采集到两号藏鹀标本。目前，神鸟藏鹀的民间保护已经成为高原鸟类保护的一个典范。

在欧亚草原游牧生活中，猎鹰不仅是捕猎工具，更是人类情感的知心圣友。哈萨克族民间信仰中的"鹰舞"就是一种巴克斯（巫师）通鹰神的形式。哈萨克族人民的观念当中，鹰不能当作等价交换的物品，其价值是用亲情和友情来衡量的。猎鹰文化浸润在哈萨克族、柯尔克孜族牧民的生活中，无论是巴塔（祈祷）祝福词，还是婚礼仪式，以及给孩子起名，或欢歌乐舞中，都有猎鹰的影子。

驯鹿是泰加林中的生灵，"使鹿鄂温克"在呼伦贝尔草原生存的时间已有数百年。目前，北极驯鹿因气候变暖而大量死亡，我国的驯鹿文化也因为各种环境和人为原因而趋于消失，成为一种商业化下的旅游展演。费孝通的"文化自觉"，正是对禁猎后的鄂伦春人如何既保护民族文化又寻求生存发展所提出的："文化自觉"表达了世界各地多种文化接触中引起的人类心态之求。"人类发展到现在已开始要知道我们各民族的文化是哪里来的？怎样形成的？它的实质是什么？它将把人类带到哪里去？"

相信费孝通的这一世纪发问，也是对人类世的冰雪纪年"怎样形成？实质是什么？将把人类带向哪里？"的发问，是对人类冰雪文化"如何得到保护？多物种雪域生命体系如何可持续生存？"的发问，更是对人类良知与人性的世纪拷问！

《中华冰雪文化图典》丛书定位于具有学术性、思想性的冰雪文化普及读物，尝试展现中华优秀传统冰雪文化和冰雪文明的丰厚内涵，让"中华冰雪文化"成为人类文化交流互通的使者，将文明对话的和平氛围带给世界。以文化多样性、文化共生等人类发展理念促进人类和平相处、平等协商，共同建立美好的人类冰雪家园。

本丛书由清华大学社会科学学院人类学与民族学研究中心组织的"中华冰雪文化研究团队"完成。为迎接2022年北京冬季奥运会，2021年底已先期出版了精编版四卷本《中华冰雪文化图典》和中英文版两卷本《中华冰雪运动文化图典》。本丛书前期得到北京市社科规划办、清华大学人文振兴基金的支持，谨在此表示衷心的感谢！并特别向辛勤付出的"中华冰雪文化研究团队"全体同人、学苑出版社的编辑人员表示深深的谢意！感谢大家共同为中华冰雪文化研究做出的努力和贡献！

张小军

于清华园

2023年10月

前　言
冰雪宝藏蕴情怀

笔者曾读到德国著名博物馆学家、历史学家赫尔曼·舍费尔（Hermann Schäfer）博士所著的《100个物品中的德国历史》（*Deutsche Geschichte in 100 Objekten*），顿时被其深深吸引。赫尔曼教授精选了100件物品，从腓特烈大帝的鼻烟盒到默克尔总理的手机，从雅各布·黑默尔的避雷针到1954年世界杯冠军之球，等等。他通过生动有趣的文字和高质量的图片，再现了"德国历史的100个马赛克"，并由此描摹了"一幅过去2000年历史的绚丽全景画"。笔者从事文博工作40年，参与了四座体育类博物馆的创办和管理，其中甘苦自知。能否在我收藏的2万多件体育藏品中，精选几百件，通过类似图文结合的方式来讲述中国冰雪运动的发展呢？

编写本书，笔者在自己收藏的2万余件藏品中，选了一二百件冰雪体育类的物件，包括奖牌、文稿、照片、海报、徽章等多种门类，用简洁通俗的语言，图文并茂地展现中国冰雪体育文化的发展历史和各时期概貌特征，力争让读者从体育文化的视角了解中国冰雪文化的文化内涵。

除去前言和后记，本书的主体包括四大部分，第一部分概述，结合自身近年来学习和收藏的经验，介绍中国冰雪体育发展历史及各时期文化特征；第二部分立足赛会，包括从全国到地方不同性质级别的冰雪类运动会，通过有关冰雪体育竞技活动、运动会相关文物及文献，展示各届运动会的冰雪体育文化特征和内涵；第三部分着重冰雪社会体育，通过冰雪社会活动的文献史料图像、器具及介绍，展示各时期冰雪体育文化特征与内涵；第四部分简述世界冰雪体育运动、冬奥会的发展脉络，概览世界冰雪体育运动、冬奥会发展情况的全貌。

体育本身就有强烈的文化属性，公平竞争、光明磊落、团队意识三种精神是人类赖以健全和发展的基本精神。体育运动的目的就是通过实践来培养和锻炼这些基本精神，因此，在创造精神上与其他文化相比，体育文化更显其时空的扩展性。那些体育奖杯、奖牌、证书等老物件，不仅是体育收藏的精品，更是将体育精神、奥林匹克精神物化，人们通过这些实实在在的物证，能真切地体会体育的力量。这些物品经过长期的收藏之后，也不仅仅是普通物件，它们成了体育的载体，由物质升华到了精神层面。

由此，笔者回忆起几年前寻访冰雪藏品的往事。2017年12月、2018年11月及2019年1月，笔者三次去新疆，共40余天，总行程约2.6万千米。在新疆寻访了9个州、市、地区，20多个村落，100多个维吾尔族、回族、蒙古族、塔吉克族、哈萨克族、锡伯族等民族牧民或山户家，体验了中国最北端，也是中国最冷的地方之一——富蕴，寻访了"人类滑雪起源地"1万年前的滑雪岩画和阿尔泰山岩画群，参观了5个博物馆，请教了3位文物局老局长，走访了4位非遗传承人，寻宝13个古玩城、3条旧货市场街和2条民族街、400多户古玩及旧货商铺。也专程寻访了内蒙古的中、蒙、俄交界地，额尔古纳河畔及大兴安岭群山、长白山雪原。最终，有幸收藏到了多件极有意义的冰雪体育藏品。

在阿勒泰被认证为世界最古老的滑雪起源地的过程中，除了必不可少的气候、地理、自然等条件以外，敦德布拉克岩棚发现的滑雪狩猎岩画和当地独有的毛皮滑雪板，则是坚强有力的实物佐证。缺此两样，阿勒泰也断难被公认为最古老的滑雪发源地。

在本书编写过程中，笔者也在进一步思考体育收藏的价值、体育文博工作的意义，以及如何在疫情肆虐的环境下采用新手段来传播体育文化。作为奥林匹克起源地，2021年初，希腊奥委会和微软公司合作，联合推出了一项数字化古奥林匹亚圣地计划，通过手机APP等手段，在无线端展示奥林匹克历史遗存的魅力。国际田联则推出了全球首个全景式的3D虚拟体育博物馆——世界田联博物馆，并在2021年4月正式上线。全球体育迷和爱好者们足不出户，就能欣赏和领略心仪的体育藏品。由此看来，我们编辑的这本小书，是否也能算作在这方面做出的一个小小的新探索、新尝试——通过图片和文字，为大家构建一个"纸上"冰雪藏品博物馆？

鉴于笔者能力水平有限，并且我所收藏的绝大部分也达不到文物标准，实在不敢妄称"博物馆"。如果我的这本小册子，能打开一个冰雪藏品的"百宝盒"，让大家得以管窥中国冰雪文化，那笔者也就心满意足了。其实在搭建"百宝盒"的过程中，笔者自觉已有重大发现，如收集到关于抗日战争时期毛泽东、彭真和邓发在延安滑冰，京津冀是近代中国冰上时尚中心、冰上运动和溜冰活动之肇始地等相关资料，心满意足之际，希望与大家分享这个姑且称之为"纸上的冰雪藏品百宝盒"。

李祥

2021年10月

目 录

第一章　漫谈中国冰雪文化的三度转变　　001
　　一、生存与发展：捕猎工具与宫廷盛典　　002
　　二、碰撞与融合：运动兴起与社会时尚　　012
　　三、并接与绽放：接轨国际与双奥之花　　035

第二章　漫谈中国冰雪运动赛事发展　　048
　　一、冰上赛事　　049
　　二、雪上赛事　　066
　　三、全国冬季运动会发展历程　　076

第三章　从冰雪藏品看冰雪运动特质　　085
　　一、冰雪运动的空间特质　　085
　　二、冰雪运动的时间特质　　099
　　三、冰雪运动的文化特质　　104

附　录	108
渊源共生　和谐共融——从冰雪运动收藏看国际冰雪运动发展	108

参考文献	123

后　记	125

第一章
漫谈中国冰雪文化的三度转变

无论从空间还是时间角度而言，冰雪运动都有不同于一般夏季运动或者传统项目的显著特征，展现了自身独特的魅力。中国这样一个具有五千年悠久历史、幅员辽阔并且多民族融合发展的国家，冰雪运动的起源、发展乃至演变更呈现出一条独特而绵长的脉络。

从宏观的时间节点入手，笔者认为中国冰雪文化的发展大致可以分为三个大的时间段：第一段是从一万年前旧石器时代晚期到19世纪中后期，也就是阿勒泰岩画所示的滑雪到清朝国俗大典冰嬉衰落之

▶ 图1-1
笔者前往"人类滑雪起源地"——阿勒泰敦德布拉克河谷洞穴滑雪古岩画实地考察（2018年1月）

时。在这段时期内，中国冰雪文化结合地域和民族特点，呈现出自身的生存和发展特征。第二个时间段是19世纪中叶到中华人民共和国成立前后，西方冰雪竞技运动传入中国，在中华民族寻找救亡图存之路的大背景之下，同本土传统冰雪文化碰撞、融合。第三个时间段则是中华人民共和国成立后到紧锣密鼓筹办北京2022冬奥会，中国逐渐融入世界范围的冬奥文化，并且期待着全球唯一的双奥之城能为中国乃至世界冰雪文化书写绚烂的一笔。当然，这个"三段论"只是一个粗略的时间区域划分，在不同的时间段内，冰雪文化的发展也各有起伏和不同特点，在下文中笔者将结合自身收藏，尝试着进行具体阐述。

一、生存与发展：捕猎工具与宫廷盛典

（一）岩画中的滑雪起源

自2015年中国申办冬奥会成功以来，笔者开启"冰雪寻宝"之旅，三度专程去新疆，也前往内蒙古及东三省考察，感受了阿尔山山脉、大兴安岭山脉、长白山山脉雄浑博大，也理解了雪天相连与民风古朴、冰趣雪戏的世代相传。在新疆，有幸实地欣赏了作为滑雪起源地论证的古岩画，被其中散发出的远古先民与自然斗争的生命气息深深吸引。随着近年来考古发掘和文献研究的不断深入，新疆阿尔泰岩画呈现的人类早期滑雪场景逐渐为世人所公认。阿勒泰市汗德尕特蒙古族乡敦德布拉克河谷东侧坡面巨石洞穴里，发现多个人物进行狩猎的彩绘岩画，被称为滑雪狩猎彩绘岩画。相关研究显示，它的绘制时间约在旧石器时代晚期，距今一万年或更早。

通过对古代滑雪的长期研究，中国、挪威、瑞典、芬兰等18个国家30余位滑雪历史研究专家2015年联名发表《阿勒泰宣言》，阿

▶ 图 1-2
笔者在阿勒泰敦德布拉克河谷洞穴考察（2018年1月）

勒泰作为"人类滑雪起源地"这一观点得到广泛的国际公认，并接受了世界吉尼斯机构的认证，每年的1月16日被确定为"人类滑雪起源地纪念日"。

2020年12月，北京冬奥组委专门发行了阿勒泰雪山岩画徽章，将中国的"世界滑雪最早发源地"同奥林匹克文化完美融合在北京冬奥特许纪念章中。纪念章上共有五个人物，最左侧的人物来自新疆冲乎尔镇他和尔吐别克岩画，一个脚穿"雪踏"或滑雪板行走在雪原之中的人物；第二、三、四个人物来自新疆汗德尕特蒙古民族乡敦德布拉克洞穴彩绘岩画，这组人物手持单杆雪杖，正在滑雪前行；第五个人物也来自来冲乎尔镇他和尔吐别克岩画，古岩画上的滑雪人物脚踏双板、手持双杖，正躬身向前追逐着猎物。

滑雪运动内生于远古先民的原始生存活动的需求。在冰天雪地的高纬度地区，人们只有发掘一切内在和外在的可能，与天斗与地斗，采用任何可能的手段获取生活和生产的基本资料，才能维持人类的延续和发展。冰雪世界居民为了基本生存做出的努力要更甚于生活在普通气候和环境条件下的人们，而且这种活动需要的基本物质条件和身体机能也要超过一般水平。中国早期冰雪文化的特征便是如此，虽然有文字记载的冰上运动起源要远落后于滑雪，但主要也是出于满足基本生存、生活需求而形成的。

△ 图1-3
冬奥会滑雪古岩画徽章（2022年）

△ 图 1-4
木质铁钉冰山鞋
（民国时期）

▷ 图 1-5
中国登山队攀登珠穆朗玛峰纪念章
（1960年）

（二）"木马""狗车"的冰雪竞逐

隋唐时期，滑雪器具得以改进的同时，滑雪技术也随之提高。唐初李大师、李延寿父子撰写的《北史》列传第八十二《室韦》，魏徵、颜师古等撰写的《隋书》列传第四十九《契丹》中有关于当时室韦族人滑雪渔猎的记述："气候最寒，雪深没马。冬则入山，居土穴中，牛畜多冻死，饶獐鹿，射猎为务，食肉衣皮，凿冰，没水中而网取（射）鱼鳖。地多积雪，惧陷坑阱，骑木而行。"

《文献通考》卷三百四十七中的《四裔考二十四·拔悉弥》也有类似相关记载说："拔悉弥一名弊刺国，隋时闻焉。在北庭北海南，结骨东，南依山散居，去敦煌九千余里。……其人雄健，皆猎射。国多雪，恒以木为马，雪上逐鹿。其状似楯而头高，其下以马皮顺毛衣之，令毛着雪而滑。如着屐屧，缚之足下。若下阪，走过奔鹿，若平地履雪，即以杖刺地而走，如船焉。上阪即手持之而登。每猎得鹿，将家室就而食之。"

文中记载的室韦、拔悉弥，都是隋唐时期生活在北方的古代少数民族，而"骑木而行""以木为马，雪上逐鹿"均是以木板作为工具的滑雪活动。从《文献通考》的记载分析，当时滑雪板呈尖翅状并向上翘起，板的底部附着马皮，顺毛下坡可减少滑雪板与雪面的摩擦，上坡则可增加阻力，并且掌握了滑降和滑雪杖的使用技术。徐文东、朱志强在主编的《中国冬季运动史》中认为，在隋唐时期这个时间节点，"人们对滑雪已由感性认识上升到理性认识，无论滑雪板和滑行技术，均有了长足的改进"。

与此同时，中国古代的冰上活动也在北方族群中萌芽发端。《新唐书》列传第一百四十二《回鹘下》记载："东至木马突厥三部落，曰都播、弥列、哥饿支，……，多善马，俗乘木马驰冰上，以板藉足，屈木支腋，蹴辄百步，势迅激。"

同书《回鹘上》有记载："拔野古一曰拔野固，或为拔曳固，……，邻于靺鞨。……俗嗜猎射，少耕获，乘木逐鹿冰上。"文

▷ 图1-6

阿勒泰地区老毛皮滑雪板(民国时期)

△ 图1-7

上：阿勒泰地区冰爬犁（20世纪五六十年代）

下：阿勒泰地区雪爬犁（民国时期）

中描述的都是北方少数民族部落借助"木马",也就是木质滑板、木杖等器具,滑行冰上追狩猎物的活动。元明两代的《元一统志》《明一统志》中更有了"狗车形如船,以数十狗拽之,往来逆运"的记述,也就是我们俗称的狗拉爬犁。

笔者在阿勒泰地区寻访期间,陆续购买收藏了老毛皮滑雪板、老滑雪杆、老爬犁以及牛角、石、铁、皮、木等制作毛皮滑雪板的器具。虽然这些物品的制作及使用年代仅百年左右,但是由于相同的文化基因蕴含其中,我们可从这些藏品中一窥古代少数民族驰骋冰雪之上的场景。值得注意的是,随着技术和器具的提高、演化,隋唐时期冰雪文化已经从满足基本的生存需求向提高生活水准的狩猎乃至提高生活和生产效率的交通方式转化,并有了进一步集体化、军事化的迹象。

(三)宫廷盛典的兴盛与衰落

冰上运输及娱乐活动古而有之,宋、元史籍中都有"冰床、爬犁、滑擦"等当时冰上活动的记载。发展到明朝中后期,这种侧重于生存和生产的冰上活动,逐渐向专业化、军事化和娱乐化方向转化。

据近代著名满族文化学者金梁所辑《满洲老档秘录》的记载,1625年正月初二,建州女真的首领努尔哈赤,举行了有文献记载的

△ 图1-8 铁冰刀(清代)

第一次冰上运动会。努尔哈赤亲自主持了"跑冰鞋"（速度滑冰）、"双飞舞"（双人花样滑冰）、冰上射箭、冰上武术等冰上比赛。

伴随着清王朝一统天下，康乾盛世之际，冰嬉更随之在历史舞台上从简单的生活或者生产类活动演变成宫廷盛典，成为中国古代冰雪运动发展的一个里程碑。冰嬉之所以兴盛于斯，既有以满族为首的北方少数民族所处的独特地理环境和气候条件等客观因素的影响，也有其自古以来崇尚武力和冰雪活动的传统，也更是社会和历史发展的必需。从具体组成来看，冰嬉运动是以抢等、抢球和转龙射球为三大主要项目，同时包括打滑挞、冰上蹴鞠等项目，主要的运动工具有冰鞋、冰刀、爬犁和冰床等。冰嬉运动对于培养参与者坚韧的意志品质、强身健体，维系民族情感及传承民族文化都有重要的历史价值和作用。

清乾隆七年（1742），冰嬉开始作为宫廷大典兴盛之际，世界最早的滑冰俱乐部在苏格兰爱丁堡成立。这是一个很有意思的时间节点，由清代统治阶层主导的冰嬉逐渐由盛转衰，至道光年间衰败，而西方近代滑冰运动，则通过比赛规则的不断完善，运动用具的不断改进，相关组织和比赛体系的不断组建，最终形成了目前世界公认和接受的现代滑冰运动。

所谓"国运盛，体育盛"，中国封建王朝走向没落的同时，西方资本主义国家借由工业革命和文艺复兴而兴盛，而中西方滑冰运动的盛衰转化不过是宏大历史投射在冰刀之上的一个微略缩影罢了。

在过往的收藏过程中，笔者感兴趣的一个问题是中西方体育文化的比较。不少专家认为，中国传统项目更崇尚礼仪，通过比赛追求道德完善，而西方传统项目则更推崇竞争，通过比赛达到胜负诉求。而在笔者看来，源于中国古代北方少数民族文化土壤的冰嬉，具有更加独特的文化特征，从竞赛规则和激励制度的完善，从比赛本身的对抗性和竞争力来看，冰嬉，尤其是其中的冰上蹴鞠、转龙射球等项目，不同于传统儒家文明体系中的项目，更接近西方近代竞技，这也是我个人感觉冰嬉活动本身更值得关注和挖掘之处。

△ 图1-9
《中国康健月报》封面为女士滑冰图（1932年）
中国首位国际奥委会委员王正廷题写刊名

△ 图 1-10
滑冰图案奖牌（民国时期）

△ 图 1-11
薄铁板木板皮冰刀（民国时期）

二、碰撞与融合：运动兴起与社会时尚

近代西方冰雪运动在中国传入和开展的历史，既是近代以来中华民族救亡图存、寻找救国出路的一段侧影，也是东西方文化碰撞与融合的典型案例。因此，这一时期的藏品是笔者收藏的重点，从区域范围来说，笔者收藏的这一时期冰雪运动藏品，大部分来自京津冀及东北地区。此外，还有一小部分为南方及其他无冰地区的"滑冰""溜冰""跑冰"藏品，即现在的旱冰、轮滑。

一方面，无论是从自然地理条件、社会文化的演化以及相关政治、经济、历史的背景演变，当然也少不了相关的文献和实物资料佐证，京津冀应是中国近代冰上运动的起航之地；另一方面，从演变和发展的过程来看，东北地区、新疆、内蒙古等地的冰雪活动，都是基于当地生产生活需求与自然条件展开，由此再衍生出竞技、军事、文化等方面的其他属性，而京津冀地区由于自然气候条件、民族的融合、南北交汇的环境，冰上运动中的社交和娱乐属性得以最大限度发挥，所以在某种程度上而言，京津冀地区堪称这一时期中国冰上娱乐的活动中心。

（一）天津——中国现代冰上运动起航之地

作为中国古代冰雪运动发展巅峰的冰嬉大典，自道光年间日渐式微，但作为民间娱乐和冬季风俗活动的冰上运动并未断绝，尤其是京津冀、东北三省等主要地区，民间冰嬉依然有自身独特的生命力。

由于独特的自然地理环境，天津自古就有冰上活动的历史。天津位于海河五大支流的汇合处和渤海入海口，河湖沟汊星罗棋布，素有"九河下梢""河海要冲"之称。"十月飞雪，三月开封，冰冻之期几近半载。"天津的冬季寒冷又漫长，"河水凝结成冰，帆樯不得行"，

△ 图 1-12

滑冰广告宣传画（民国时期）

青岛阳本染印工厂出品

▲ 图 1-13 《伦敦新闻画报》报道天津冬天滑冰及冰爬犁运输货物的场景（1883 年）

河道上的冰床成了独特的风景线。清人张焘《津门杂记》中记载，"冰床，俗称冰排子。可客三四人……人坐其上，一人支篙撑之，驰骤甚速。每到天寒冰冻，往来密如织梭，四通八达……"而跑凌鞋者也就是溜冰人，"履下包以滑铁，游行冰上为戏，两足如飞，缓疾自然，纵横如意，不致倾跌"。除了民间活动，天津作为八旗子弟屯兵养马所在地，八旗驻军也把冰上活动作为日常训练的手段之一。

当然，如果天津的冰上运动依然沿袭中国传统一脉发展的话，就难称其为中国现代冰上运动启航之地。不过，历史发展将天津推上历史潮头。第二次鸦片战争后，英、法等帝国主义列强强迫清政府签订《天津条约》和《北京条约》，天津由此被迫开埠，成为列强蚕食中国北方的桥头堡。虽然总理各国事务衙门设在北京，但由于种种限制和局势所迫，再加洋务派李鸿章主办外交，而他作为北洋大臣长期驻津办公，因而天津成为清朝当时实际的外交中心。由此，西方各国的经济、文化输入大都经由津门而登陆北方中国，其中自然也包括冰上运动在内的种种现代体育项目。

具体到现代冰上运动的源起，首先是军事学堂的"西学东渐"。

1881年8月，洋务派李鸿章创立的北洋水师学堂在天津落成。同年，翻译《天演论》的启蒙思想家严复自福建船政局调津任天津水师学堂总教习。作为新式海军学校，学堂不仅引入了德日系的西式兵操作为基础训练科目，同时也引入了包括滑冰在内的近代体育项目。1994年天津社会科学院出版社的《天津通志·体育志》大事记略中就记载，北洋水师学堂的课程设置中，把滑冰作为一门正式的课程，并且受到高度重视。关于这一点，有的研究者认为滑冰也是结合海军特点展开的项目，周西宽在《近代体育运动在中国的兴起》一文中写道："北洋水师学堂的体育，除结合水师专业开展的爬桅、游泳、滑冰以外，大体上可以代表戊戌变法以前洋务派新式学堂体育的一般情况。"

南开大学历史学院发现北洋水师学堂校友的笔记有回忆："冬季每周两次的滑冰课当时是学生们最为喜好的体育课之一。通过一段时间的练习，在德国教官的指导下，同学们逐渐掌握了带冰技巧。几次课之后，有的同学就能够在冰上'飞来飞去'，快如汽车一样，来回穿梭，让人羡慕。"由此可见，西式现代滑冰运动应该早在19世纪80年代就进入了新派军队学堂的课程目录，具有较强的实用性质。

根据《天津通史·体育志》的记载，发展到19世纪末，英租界工部局在城南紫竹林附近修建运动场地，包括网球、足球、棒球、滑冰等项目，供英籍侨民休闲健身使用，并在1905年成立"天津体育俱乐部"，其中部分滑冰爱好者就此成立天津滑冰俱乐部。随后，法租界也建造滑冰场，并设立联合俱乐部。《中国冬季运动史》《现代速度滑冰》等专业书籍都对此有较多的介绍。从目前可见的记录来看，无论是军事学堂引入现代滑冰技术学习，还是租界当局建造包括冰场在内的健身娱乐场地，天津都领全国风气之先。

除了滑冰，冰球同样率先登陆天津。英国人雷穆森（Otto Durham Rasmussen）1925年出版的《天津图画史纲》（*Tientsin: An Illustrated Outline History*）就记录了中国近代冰球源于天津：1905年1月，天津英美侨民组成的"天津冰球俱乐部"在宝士徒道（今营口道）旁一个池塘冰场进行了第一场冰球比赛。一年之后，美国海军陆战队才在北京和基督教青年会成立"北京冰球俱乐部"。随后三十余年，天津、北京两地之间的冰球比赛保持不断，也成就了中国近代冰球发展的一段佳话。

从冰上运动技术教材和规则文本的著作方面来看，天津及其代表人物在全国范围之内也处在领先水平。曾先后供职南开大学和天津利生体育用品厂的齐守愚赴美学习考察归来之后，于1937年出版《花样滑冰术》一书，这是目前国内发现的现存较早的专业花滑教学训练手册。天津出版的《体育周报》则在1932年先后刊登了速度滑冰、花样滑冰和冰球的国际规则。滑冰规则都来自美国业余冰联，是当时世界范围内公认，也被冬奥会采纳使用的国际标准。冰球规则翻译自国际冰球联合会当时的最新版本。这三份文本都是我国目前发现的最早的中文版该项目的国际规则，在当时影响极大，都具有重要的历

△ 图1-14
齐守愚著《花样滑冰术》
（1937年）

△ 图 1-15 民国时期滑冰图广告宣传画
天津机织印染总厂出品

史文献价值。值得一提的是，这三份规则都被1935年的华北运动会所采用。在冰刀制造方面，天津更是领跑国内。19世纪二三十年代，天津分别有两家专门的冰刀厂，分别以僧帽和牛头作为商标，产品涵盖了速滑、花滑和冰球比赛使用的不同冰刀。

此外，作为天津体育发展尤其是冰上运动的杰出代表，南开大学也为天津作为中国近现代冰上运动启航之地的地位添砖加瓦。在19世纪末到20世纪初南开学校创建过程中，张伯苓通过和基督教青年会外籍体育人士的沟通交流，考察欧美日教育体系的方式吸收先进体育思想，引进现代体育实践，并且喊出了"强国必先强种，强种必先强身"的口号。这也旁证了西方近现代体育活动进入中国的两条主要途径：宗教传播和教育学习。

据《天津通史体育志》记载，南开大学1925年成立白熊冰球队，南开中学也设有寒霜冰球队，后两队合并为南开中华队，同外国俱乐部一起参加万国冰球赛。1935年，南开中华队击败实力强劲的俄侨冰球队而名声显赫。在《南开大学响导》1930年5月刊登的《十一年来南开大学之体育》一文就提道，"我校运动选手，历年在天津、华北、全国、远东各种联合运动会及球类比赛所得银杯不下数十，锦标且逾百面。现有足球队、篮球队、排球队……冰上曲棍球队、女子田径赛队等组织"。

笔者查阅南开大学校史资料发现数则滑冰相关信息。1929年的《南开双周》刊登的《二十五年来南开体育场大事记》一文就记载，1926年"体育课提倡滑冰，建冰场，并售滑冰券。"更早之前的1924年《南大周刊》第五期则登载了一张当时南开大学《学生生活一览》表格，在个人生活——运动一栏分为"水面上"和"陆地上"两类分支，陆地项目延伸为"球类""柔操"和"田径"，水面项目则包括"划船、溜冰、泅水"。可见当时冰上运动已经深入南开校园生活。

天津近代冰上运动的发展过程中，体育协进会发挥了独一无二的引领和组织作用。1927年9月，张伯苓邀请天津体育界人士在南开学校会议厅成立天津体育协进会，旨在"一是联合天津体育团体，促进

△ 图1-16 《申报·图画特刊》报道：威震平津的白熊冰球队战胜俄侨冰球队（1935年1月24日）

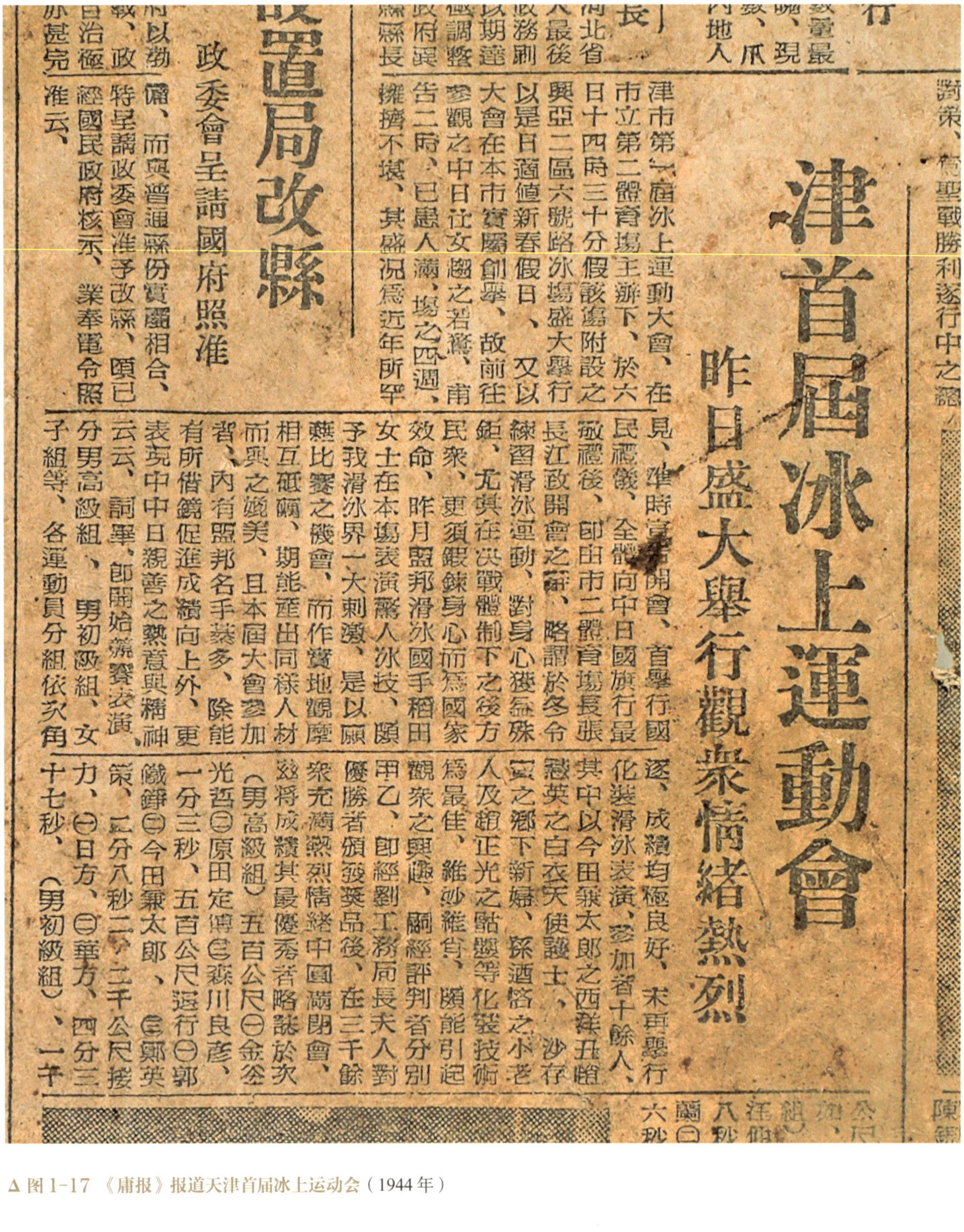

△ 图1-17 《庸报》报道天津首届冰上运动会（1944年）

体育之进步;二是主持天津业余运动,并增进运动员仁侠之精神;三是举办各项运动比赛,由本会统一负责进行。"会址就设在东马路天津基督教青年会内。天津体育协进会多次举办冰上运动会,1933年第一次在中日中学冰场举行速滑初级、高级两组八项赛事;1935年为参加"第十八届冰上运动会",在河北体育场冰场举行选拔赛,选出冰球队、花样滑冰队、速滑队,天津市代表河北省参赛;1936年,天津体育协进会举办两次冰上运动会,250米、500米和1500米三项华北运动会纪录被打破。

综上所述,无论是从引入西方近现代冰上运动项目本身,还是发展相关的运动组织,抑或是项目规则的翻译和编制,还是相关器材的开发研制,天津都走在近代中国的前列,这也是种种客观因素推动之后的结果。所以,天津作为中国近现代冰上运动起航之地的论点,应该是符合历史发展的客观实际的。

(二)京津冀——中国时尚冰上活动中心

清末至民国,从教育救国到体育强种,近代西方体育运动传入中国,在与中国本土实际碰撞融合的过程中,形成了中国近代体育发展的独特路径,近代冰雪文化同样如此,竞技之外的多重属性便是特色。

民国时期教育家王健吾1935年撰写了《华北之体育》,在学校体育的篇幅中对于当时冰上运动引领社会风气之先,有着活灵活现的描述,"故溜冰与高尔夫球场、台球房同被视为有闲阶级之高尚娱乐,摩登青年之恋爱场所,不复视为学校体育"。

在笔者收藏的20世纪二三十年代的报纸、杂志和图片中,可以清楚地看出,参与滑冰的男女们都以潮流打扮示人,当时的冰上运动确实着时髦的装束出现,成为一种社交属性极强的体育活动。北京北海公园举行的化妆溜冰大会更成为当时的城市时尚盛会。而天津的英国冰场据说当时每年都会成就几段冰上姻缘。天津《体育周报》在

1932年对于山东济南的滑冰报道中，也以一种调侃的口吻来描述这种时尚，"在服装上，这里溜冰的人们都很朴素。在精神上，也还不失为一种运动。这种现象，比较平津娱乐化及猎艳式的溜冰是好的多了"。

现代冰雪运动传入中国并开展的过程，同西方近现代体育在中国传播展开的过程相比，既有共性也有自身的个性。共性而言，都处在相同的历史背景之下，同中国人民反帝反封建、寻找救国之路的历史趋势相吻合。谈及个性，同篮球、排球、网球等西方起源项目相比，冰雪运动在中国古已有之，有着自身的传统、特性乃至独特的规则。虽然和西方近现代竞技项目的规则不能相提并论，但也算是自成体系。同时，冰雪活动由于项目本身特点，受到区域地理环境所限，集中在北方地区。同领中国体育风气之先的华东和华南相比，明显地呈现出项目上的区别。更具体来说，就冰雪运动本身而言，冰上项目集中在京津冀地区，当然大连乃至东北也陆续开展，而雪上项目则更集中在东北地区。当时的京津冀地区是中国冰上运动的社交、娱乐和时尚中心。

首先，这个时期冰上运动在京津的源起和开展，具有极强的社交功能。无论是天津英、法、俄等为代表的租界冰场的兴建，还是英美侨民自组天津冰球俱乐部，乃至美国海军陆战队成立北京冰球俱乐部，并长期举行京津埠际对抗，都让这些运动的社交功能得以充分发挥。冰上运动在租界林立的京津地区早期传播，项目自身的特性又让其成为具有本土化特色的社交活动，特别是青年男女之间进行交流的独特方式。

其次，由于完整的竞技比赛规则尚未传入，再加以中国自身传统冰上运动尤其是冰嬉的娱乐性，那么这个时期京津地区的冰上运动尤其是花样滑冰更大程度上体现出娱乐化的特点，特别是北平地区数次开展的化装滑冰盛会，更是娱乐化的集中体现。化装滑冰盛会的举办，不仅极大地推动了花样滑冰项目，而且也在社会上掀起一股风潮。每逢周末，京津两地的各大学校冰场纷纷举办化装滑冰大会，而

△ 图1-18 《星期画报》晨刊报道北海溜冰（1926年）

北京的什刹海、天津的旧俄公园等公开场所更是公开举办化装滑冰活动的盛会，其中尤以北京北海公园举办的化装滑冰大会最为盛大和引人注目。自20年代初举办以来，每逢盛会，必引来《图画时报》等媒体连篇以图片专版报道，奇装异服的冰上盛典满足读者和社会民众对于娱乐新闻的追逐，报纸销量也得以提升。

这一阶段冰上运动风靡京津城市休闲生活，也被认为是一种当时流行的城市时尚。在王健吾所著的《华北之体育》中，提及冰上运动出现频率最高的形容词便是"摩登"，也就是英语modern的音译。王健吾描述，"溜冰及冰球在华北及平津各学校，亦为冬季最摩登之运动"，作为公开的冰上活动，"摩登男女，不分太太小姐，男女学生皆争附之。男子背负冰鞋两双，认为无上之光荣，横行街市，毫无难色"。一项活动竟然在社会上风靡如斯，挂着一双气味可能还是臭烘烘的冰鞋，便能化身行走的流行标志，横行街面，可见冰上运动当时在京津两地的影响力。而张恨水在其散文中不仅认同这种巨大的社会摩登现象，同时指出京津两地的这种冰上摩登，是更摩登的上海、香港两大"东方明珠"所没有的别样风情。

笔者之所以突出京津两地近代冰上活动的社会属性，具有强烈的社交功能、具有超过普通活动的娱乐性，引领社会时尚风潮，这是笔者通过收藏的物品和相关的文献资料得出的观点，也是这一阶段以京津为代表的中国城市冰上运动发展的客观现实。当然，随着完善的比赛规则和技术范本的逐步引入，也随着我国体育主权的逐步回归，中国也要融入国际体育赛事体系的需求逐渐加大，冰上运动的竞技属性也逐渐增强。

△图1-19 《图画时报》（1929年2月8日）

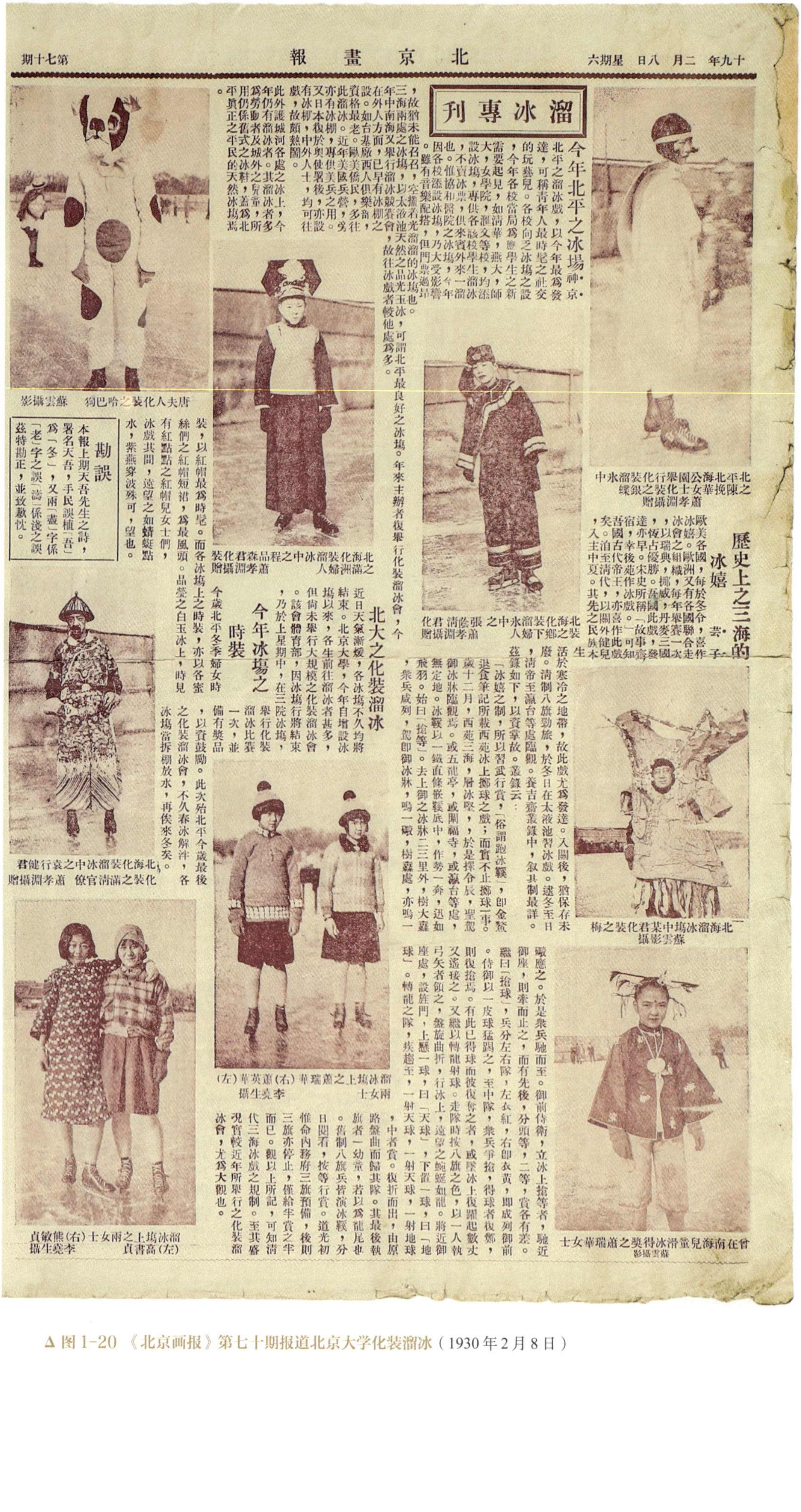

溜冰專刊

今年北平之冰場

今年北平之冰場,以今年為最發達,可稱青年人此時皆冰嬉之玩藝也。今年各校當局為應學生之要求,設冰場者,如清華、燕大、女師大等,均大為擴充,可謂空前未有。而各校學生之來冰場者,亦無一不摩拳擦掌,以圖一試其新學之冰技。至一般之冰添師,更終日在冰場上為人溜冰添妝者,可謂北平最良好之冰堤。年來主辦者復舉行化裝溜冰會,今年又有溜冰比賽,本年亦於三年中於南海之冰場,設北海之冰場,皆有游設故也。近於新五台基廠之園花,近於外僑美國人佔領,此外僑美國人亦喜冰戲,故往往在其所闢外僑俱樂部,多闢冰場,冰戲不讓於國人,然僅其自家之冰場耳。今者則除北海、中海、什剎海、城河諸水冰之外,平民的天然冰場上,亦能一顯身手,其冰鞋之式樣如何,雖不能如正式之冰場不佞之平衣,又為又有冰戲真,此又為今年冰上之新格也。

歷史上之三海的冰嬉

芸子

歐美各國宿昔以冰嬉為尚,俄都彼得古、瑞士之達奈士,各有冰中會,優與紐約中亦代作,歷代王作史。我國,又有冰,其蓋冰所蓋每有冬令之先,亦嚴稱國。此丹琳舉國民本作「故戲麥賽驅」,族健也可畢,三一合全見知齊本國之走未先。

活於寒冷之地帶,故此戲尤為發達。入關後,清帝至濕台演習冰戲,於冬月在太液池習冰嬉,於冬日在太液池習冰戲,故往往冰嬉者較他處為多。庚,清帝至濕台等處臨觀。

「冰嬉之制,所以習武行賞,」薰鐸云:「俗謂跑冰鞋」,即金鰲退食筆記所載,西苑冰戲。於十二月,以旗皆八旗甲兵,於冬日在西苑三海,或五龍亭,或闡福寺,或濕台等處,亦鳴一礮。始以一鏟直條嵌鞋底中,作勢介辰,樹蔓處,亦鳴一礮,衆兵威到,卽卽御冰鞋,二三里外,去上御之冰鞋,一礮直條嵌鞋底中,作勢介辰,樹蔓處,亦鳴一礮。

「擲球」,於是衆兵馳馬而至之,而年止之。御前侍衛,立冰上擲等者,馳近御座,則牽而止之。侍御以一皮球猛踢之,兵分左右隊,至中隊,左紅右黃,卽卽御前,分頭等、二等,賞有差。旣復接之,又繼以轉龍射珠,弓矢者如一皮球而後復奪之者,或墜冰上復驅趨數丈,盤旋曲折,上懸一球,曰「天球」,下置一球,曰「地球」,中者賞。復折而出,由原路盤曲歸。其最者執一幡,迎其前。復次之者如龍尾也。舊制八旗兵皆演冰鞋,分日閱看,按後行賞。至光緒初,旗亦停止,惟命內務府三旗預備,僅給半賞之牛羊而已。觀以上所記,可知三海冰戲之規制,至其盛況實較近年所舉行之化裝溜冰會,尤為大觀也。

北大之化裝溜冰

近日天氣漸煖,各冰場上不久均將結束。北京大學,今年自增設冰場以來,各生前往溜冰者甚多,但尚未舉行大規模之化裝溜冰會,乃於上星期日,在三院冰場,該會體育部,因冰場行將結束,舉行化裝溜冰比賽一次,並備有獎品,以資鼓勵。此次殆北平今歲最後之化裝溜冰會,不久春冰解凍,各冰當拆棚放水,再俟來冬矣。

今年冰場之時裝

今歲北平冬季婦女時裝,以紅帽最時髦。而各冰場上之女士們,有紅點點之紅帽短裙,為最風頭。品瑩之白玉冰上,時見絲綢其間,遠望之如蜻蜓點水,紫燕穿波殊可一望也。

勘誤

本報上期天吾先生之詩,署名天吾,手民誤植「吾」為「冬」,又兩「盡」字係「老」字之誤,「蓰」係「淺」之誤,茲特勘正,並致歉忱。

▲ 图 1-20 《北京画报》第七十期报道北京大学化装溜冰（1930 年 2 月 8 日）

△图1-21 《图画时报》报道时髦的滑冰女士（1933年1月1日）

北平金詠端（女子学院）、罗汝仪、陈竹隐（文学家朱自清夫人）、廖书筠（女子学院音乐系助教）、吴忠敏（工学院院花）

△ 图1-22　手持冰球杆男士与两位滑冰女士在交流（民国时期）

△ 图1-23　左：在北京北海公园滑冰场上单人花样滑冰（民国时期）　右：北京北海滑冰场两位滑冰女士（1936年元旦）

國立北京師範大學用牋

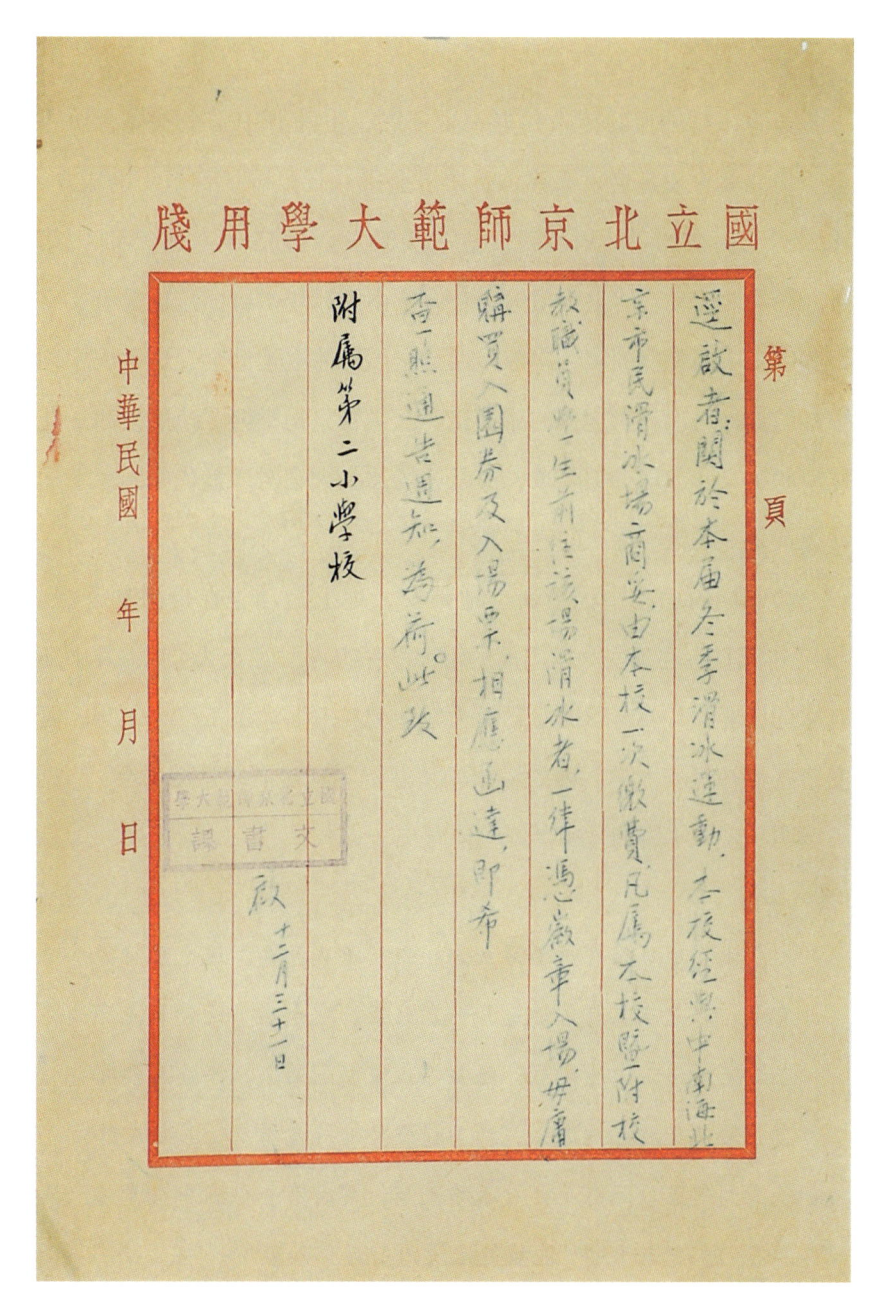

逕啟者：關於本屆冬季滑冰運動，不夜經與中南海北京市民滑冰場商妥，由本校一次繳費凡屬本校暨二附校教職員學生前往該場滑冰者，一律憑蓋章入場券，毋庸購買入園券及入場票，相應函達，即希查照通告遺知，為荷，此致

附屬第二小學校

中華民國　年　月　日

啟 十二月三十一日

△ 图 1-24　国立北京师范大学附属第二小学校通知（1943 年 12 月 31 日）

(三)竞技冰雪运动的萌芽阶段

随着冰雪项目的传入和进一步开展,也随着中华全国体育协进会、华北体育协进会、天津体育协进会等一批爱国体育组织的成立,冰上运动内在的竞技属性得以进一步激发。1935年1月25日,第十九届华北运动会冰上表演大会在北平南海冰场举行,这也是有文字记载以来中国举办的第一次综合性"全国"冰上运动会,也是旧中国举办的唯一一次较大规模的冰上比赛。尽管只是举办了速度滑冰、花样滑冰单人和冰球三项赛事,但是这场冰上大会对于近代中国冰上运动无疑是一场无与伦比的盛会。

与此同时,在中国革命圣地延安,冰上运动也在传播和开展。1942年元旦,在延安大学门前的滑冰场举办了"冰上大会",其中还有冰球比赛。1943年2月7日,为纪念"二七"大罢工二十周年,延安市各界在延安大学门前的滑冰场举办了"延安溜冰运动大会"。据王增明、曾飙主编的《中国红色体育史》记载:

> 比赛项目里有一个男女200公尺游戏竞赛。这个项目很有趣,在起点上有盏灯笼和一盒火柴,发令后,运动员点亮了灯笼前进(中途熄灯,还要停止重新点着),半途又要将自己的帽子放在跑道上,到100公尺处绕凳滑回,再拾起帽子滑到起点。还有花样滑冰的表演,那时有一位在中央党校学习的长征老干部,能稳健地滑出前后里外刃"8"字、"3"字、"s"图形,还有常彦卿同志和舒林同志,他们的结环和转身跳跃进旋转等较高级的动作,都表演得极其熟练。

与冰上运动相比,近代滑雪运动传入我国的时间相对较晚。1932年12月,哈尔滨铁路局在黑龙江省阿城市(今阿城区)玉泉镇北山修建了一座滑雪场,滑雪场建有越野和高山滑雪线路,并建有一座小型跳台,这是我国第一座滑雪场。1938年,新京(长春)成立了滑

▲ 图 1-25 《申报》（1935 年 1 月 16 日）

刊有文章：《华北冰上运动会之前瞻，世界速度滑冰最高纪录》《万国冰球战昨日起赛》《中日中学冰上运动明日举行》等

△ 图1-26
《新天津画报》第七十五期报道第十九届华北运动会冰上表演大会：女子五十米速滑决赛起步、冰球决赛北平队对河北队（1935年）

△ 图1-27 延安溜冰大会原版老照片（20世纪40年代）

图 1-28
延安体育运动大会铜珐琅纪念章（20世纪40年代）

雪俱乐部，并在九台县（今九台区）土门岭一带开辟了滑雪场。20世纪三四十年代，东北地区举行了多次滑雪比赛。1948年，黄埔军校新疆第九分校举办了一次"西北五省部队滑雪训练班"，来自西北各部队千余名连级以上军官接受了为期三个月的训练。教学形式有越野滑雪、滑降、回转、滑雪射击以及野外露营等。训练班结束后还举行了一次比赛，比赛项目有跳越障碍、回转、重兵器雪地牵引、滑雪射击以及10000米越野。这是近代史上我国举行的规模最大的一次滑雪比赛。

滑雪运动在东北抗日联军、东北民主联军的战斗历史上也曾起到重要作用。东北抗日联军的滑雪队穿山越岭，迂回包抄，以天降神兵的态势把日寇打得晕头转向。而东北抗日联军滑雪部队的战绩，更是通过《林海雪原》这部经典作品得以传扬。

综上所述，近代冰雪文化是在特定的时空条件下，西方近代冰雪运动同中国传统冰雪运动碰撞、融合的产物，具有独特的文化特征和属性：从军事实用性、社会交际性到历史使命性，等等，这种文化变迁也是笔者在收藏过程中所尤为感兴趣的。

台湾学者张宁所著的《异国事物的转译：近代上海的跑马、跑狗和回力球赛》，是笔者近年来读过的一部精彩的体育文化学著作，作者凭借翔实的文献资料，阐释了跑马、跑狗、回力球等三项西式运动在中国尤其是上海的文化变迁，并且引出了背后的社会变迁，作者在书中引用了徽章、门票、海报等大量藏品来阐释实际内容，这种实证史学的方法，也是笔者作为收藏者所希望能达到的效果。以物记史、以物证史、以物述史，也是笔者作为收藏爱好者努力的方向。

三、并接与绽放：接轨国际与双奥之花

随着1949年中华人民共和国的诞生，中国的冰雪运动迎来了崭新的历史阶段和发展机遇。不断接轨国际的冰雪竞技逐渐取得突破，短道速滑、花样滑冰等拳头项目逐渐成为具有中国特色和优势的金牌项目。以传统冰雪和现代冰雪项目结合为基础的群众性冰雪运动得到了提倡和引导，响应着"发展体育运动，增强人民体质"的号召，在一定范围内得到很大程度的发展。

（一）从接轨国际到争金夺银

中华人民共和国成立之后，体育系统的管理体制和运行机制逐步建立，有独特时空运行条件的冰雪运动也在逐步发展之中，不仅逐步建立起全国性的竞赛体制，更引导冰雪运动成为增强人民体质的重要手段。

1952年，原中华全国体育协进会改组为中华全国体育总会。当年6月20至24日，在北京举行了中华全国体育总会成立大会。会议选举朱德为中华全国体育总会名誉主席，选举马叙伦为主席。会议听取了荣高棠《为国民体育运动的普及和经常化而奋斗》的报告，通过

▶ 图1-29
少女滑冰玉雕
（20世纪五六十年代）

了《中华全国体育总会章程》。毛泽东为该会题词："发展体育运动，增强人民体质。"

这句著名的口号，也经常出现在我收藏的冰雪运动藏品上，成为冰雪运动的重要标志。在一尊20世纪五六十年代的少女滑冰玉雕的基座上，便印着这句口号。同样，在一具滑冰刀的包装盒上，同样醒目地印有这句标志性的口号。随着"劳卫制"和体育运动锻炼标准的推行，冰雪运动在北方乃至全国进一步地推广开来。

在笔者收藏的一批20世纪50年代体育纪念徽章中，不仅有来自当时的松江省等传统冰雪运动地区的冬季锻炼优秀纪念章，也有来自典型江南地区（上海、常熟）的冬季锻炼合格章。而最有意味的一个例子来自笔者收藏的一本1954年人民体育出版社的《花样滑冰》教材，书的内页有蓝印"桂西僮文学校图书馆藏书"字样。

△ 图1-30
《花样滑冰》（1954年）

◁ 图1-31
哈尔滨市冬季锻炼合格章（1951年）

▷ 图1-32
常熟市学生冬季体育锻炼优秀奖章（1951年）

▷ 图1-33
松江省冬季体育锻炼标准合格章（1953年）

△ 图 1-34
上海市学生冬季体育锻炼及格奖章（1951年）

△ 图 1-35
扬州市学生冬季体育锻炼标准及格奖章（1952年）

▷ 图 1-36
上海市冬锻优秀奖章（1955年）

◁ 图 1-37
上海市冬锻雪花纪念章（20世纪七八十年代）

▷ 图 1-38
上海市雪花奖章（20世纪七八十年代）

1953年，我国首届全国冰上运动会在哈尔滨举办，共有219名运动员参加了速度滑冰、冰球和（单人）花样滑冰三个项目的比赛，展示了中华人民共和国初期现代冰上竞技运动的现状。与此同时，我国运动员在花样滑冰技能上开始迈向创新之路，诸如"后外点冰三周跳"等许多高难动作出现在冰上运动场。

谈及首届全国冰上运动会，不能不提及一段水冰两栖的佳话。在1953年首届全国冰上运动大会的秩序册中，华北区代表队中78号运动员穆祥雄、93号运动员穆秀珍和95号运动员穆秀兰就赫然在列。夏季练习游泳，冬季操练滑冰，中国泳坛赫赫有名的天津"穆家军"，跨界冰坛也小有成绩。早在1951年的华北地区滑冰比赛，穆祥雄就夺得男子速滑3000米、5000米、10000米三个项目的第一。而穆秀珍、穆秀英姐妹则多次获得天津速滑、全能比赛的第一。这样一种跨界运动的方式，不知是不是天津滑冰运动的独家秘笈。

与滑冰相关的群众性休闲活动也开始进入人们的生活，1963年2月在哈尔滨举办的第一次以冰雪艺术为内容的冰灯游园会，展现出新时代冰上文化的生机与活力。与此同时，雪上项目也开始在竞技舞台和学校体育教学与训练中崭露头角。1951年1月24日在吉林省举办的第一次全国性滑雪表演大会成为新中国成立后的第一次滑雪竞赛。

在向世界先进水平国家学习的方面，我们不仅在编写冰雪技术教材上全面引进了苏联编写的技术教材，还以官方名义邀请俄罗斯代表队来中国进行表演和讲学。1954年，国家体委主任贺龙亲自率团访问苏联，除了参观全苏体育节外，还考察了苏联体育的组织领导机制、青少年业余体育学校、体育科学研究所等情况。

◀ 图1-39
第一届全国冰上运动大会女子组接力比赛亚军奖杯（1953年）

△ 图1-40
金墨彩体育人物画"架子床"木屏板（上图）及滑雪局部图（右图）（20世纪五六十年代）

△ 图 1-41
全国冰上运动大会第一名奖牌（1955年）

△ 图 1-42
《向苏联滑冰队学习》（1955年）

▷ 图 1-43
第一届全国冬季运动会奖牌（1959年）

◁ 图 1-44
第一届全国冬季运动会滑雪团体分第 8 名
景泰蓝大铜牌（1959年）

第一章　漫谈中国冰雪文化的三度转变

1955年，第二届全国冰上运动会举办期间，苏联速滑国家队成员加伊金等人来华指导中国运动员训练，并进行了冰上表演。同年，人民体育出版社出版了由苏联教练员弗拉索夫、基谢廖夫讲述整理成的《向苏联滑冰队学习》一书。书的封面上，中国和苏联女运动员们头戴着滑冰帽，在冰场上围绕在一起，进行友好、亲密地交流。其中，中国选手队服胸前标有"八一"队徽章，苏联选手则标有"CCCP"字样，即苏维埃社会主义共和国联盟（苏联）的俄语缩写。类似的出版物还有不少，例如1957年人民体育社出版的帕索科洛夫的《速度滑冰》等。

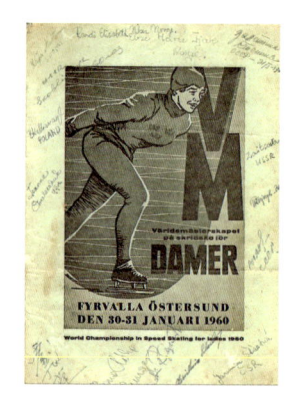

△ 图 1-45
女子速度滑冰世界冠军赛签名册（1960年）
其中有刘凤荣（全能比赛第十六名）签名

1959年2月，第一届全国冬季运动会举办。其中，滑雪和滑冰项目分别在吉林市和哈尔滨市举行。来自全国12个单位的运动员参加了速度滑冰、花样滑冰、冰球、高山滑雪、越野滑雪五大项比赛。

1963年在日本举办的世界速度滑冰锦标赛上，罗致焕获得一枚金牌，成为中国首位冬季项目世界冠军。

1960年，第八届冬奥会在美国斯阔谷举办。中国台湾代表团团长邓传楷携顾问郝更生、江良规及冰雪运动员等人考察观摩了此届冬奥会。

随着1979年中国奥委会正式恢复在国际奥委会的合法席位，1980年2月，中国奥委会首次组队参加了在美国普莱西德湖举办的第十三届冬奥会，在速度滑冰、花样滑冰、越野滑雪、高山滑雪和冬季两项五个冰雪运动大项上，第一次出现了中国运动员的身影。1984年2月，中国奥委会第二次派队出席在南斯拉夫萨拉热窝举行的第十四届冬奥会，参赛项目与上届相同。

在参加冬奥会的同时，中国运动员还参加了各种世界和洲际性冰雪运动赛事。如1986年中国运动员参加了在日本举行的第一届亚洲冬季运动会，并在男女单人滑项目上摘得奖牌。洲际性比赛的热身为我国全面踏入国际性的比赛奠定了基础。

1988年2月，第十五届冬季奥运会在加拿大的卡尔加里举行。这是中国运动员第三次参加冬奥盛会，除了参加速度滑冰、花样滑冰

▷ 图 1-46
世界男女速度滑冰锦标赛男子1500米速滑比赛冠军罗致焕在领奖台上（1963年）

15

◀ 图 1-47
施福国作《冰上芭蕾》宣传画
（20世纪80年代）

▶ 图 1-48
叶乔波获得的铜雕塑
（2009年）
国家体育总局宣传司等主办"光耀60年——最具影响力的新中国体育人物"评选冬奥会功勋运动员

和越野滑雪比赛外，还参加了短跑道速滑表演赛，中国选手李琰分别以1分39秒和2分37秒92的成绩获得了短跑道速滑表演赛1000米金牌和1500米铜牌，使中国的五星红旗首次在冬奥会赛场上升起。1992年2月，第十六届冬季奥运会在法国阿尔贝维尔举行，中国运动员除了参加被列为正式比赛的短道速滑外，继续参加了速度滑冰、花样滑冰、越野滑雪、高山滑雪和现代冬季两项的竞争。中国女运动员叶乔波在速度滑冰500米和1000米比赛中，分别获得了银牌；李琰则在女子短道速滑500米比赛中获得银牌，使中国队实现了在冬奥会上奖牌的"零"突破。此后的历届冬季奥运会，中国冰雪运动员参赛项目逐届增加，到2018年第二十三届平昌冬奥会，参加的项目数达到13个分项55个小项。自2002年第十九届盐湖城冬季奥运会上中国运动员杨扬于女子短道速滑500米和1000米项目中获得两枚金牌伊始，中国陆续实现各项目金牌"零"突破，2006年，韩晓鹏在第二十届都灵冬奥会男子自由式滑雪空中技巧项目中斩获金牌，成为中国首位男子冬奥会冠军，实现了中国冬奥会雪上项目金牌"零"突破。2014年，张虹在第二十二届索契冬奥会速度滑冰女子1000米项目中夺冠，实现了中国冬奥会速度滑冰项目金牌"零"突破。截至2018年第二十三届平昌冬奥会，中国在冬奥会上共取得13金、28银、21铜。

（二）双奥之城，一起向未来

在向国际冰雪运动学习和接轨的过程中，中国冰雪运动的发展从来也没有放弃自身的传统性和独立性。和那些纯属舶来品的项目相比，中国冰雪运动有其自身的本土传统和渊源，并非"无源之水，无本之木"。从阿尔泰最古老滑雪起源地到清代冰嬉大典，再到毛泽东主席咏叹的"北国风光，千里冰封，万里雪飘"的瑰丽意象，中国冰雪运动自有其独特的文化意蕴。这种文化底蕴同现代奥林匹克品牌叠加，如何在冰雪舞台上传播中国传统文化、传递中国声音，进而为构建人类命运共同体贡献独特力量，将是中国冰雪运动文化的特殊历史使命。

◀ 图 1-49
北京冬奥会倒计时 1000 天
"奥运三问"纪念徽章

2015年，是中国冰雪运动发展史上的重要节点。继成功举办第二十九届夏季奥运会之后，北京又赢得了第二十四届冬奥会的主办权！

作为体育文化的爱好者和收藏者，笔者在已经发行的北京冬奥特许产品，尤其是特许徽章中，已经看到了希望。文化深厚、种类繁多、工艺精湛、设计新颖的北京冬奥徽章，能与奥运史上的历届徽章相媲美，而北京冬奥徽章交流中心的提前成立更是创下了奥运会的历史纪录。一般而言，奥运徽章交流中心同奥运会基本同时启动，那么北京冬奥组委此次创举，是把奥林匹克品牌、冰雪体育文化和中华传统文化的传播相结合，意义和影响已经显现。

2021年9月17日，北京冬奥组委正式公布了本届大赛的官方口号——一起向未来（Together for a Shared Future）。这句口号加入了奥林匹克口号中的最新关键词"together（更团结）"，形成了奥林匹克格言的最新版中国方案，表达了世界需要携手走向美好未来的共同愿望，"双奥之城"北京也又一次给奥林匹克运动留下了中国印迹。

银装素裹的冰雪世界，自有其独特的万千气象，更有其瑰丽的时空特质。作为地球上的一种独特物质存在，她所承载的冰雪运动文化体现了人类孜孜不断地探索世界的精神和力量，勇于突破自身极限，追求清雅高洁的品质。当这样一朵独特的冰雪之花，相逢于双奥之城之际，能开出怎样一朵人类文明之花？我们拭目以待。

第二章
漫谈中国冰雪运动赛事发展

  笔者多年来专注于体育藏品的收集，近年来更是着迷于冬季冰雪运动文物和纪念品的收藏。每每会为藏品的求而不得焦虑，也经常会为考证藏品的来龙去脉而上下求索，甚至于夜晚入睡之际也会因此在梦中思考而偶尔醒来。有时候就会改编陆放翁的名句自我调侃——就是"'木马'冰河入梦来"！

  "木马"为代表的一系列名词，在中国古代尤其是隋唐时期，大都泛指辅助人类在冰雪之上方便移动的木质工具。随着生活、生产乃至社会的发展，冰上雪上活动各自独特的个性逐渐显现，由此也呈现出两条不同的发展线路和轨迹。西方近代冰雪运动在传入中国过程中，也先后通过不同的时间节点和传播途径。本章以藏品为窗口，回顾中国尤其是中华人民共和国成立以来冰雪赛会发展的脉络。那么我想，把冰上、雪上两个项目分别描述是客观的必然。与此同时，融合冰雪项目的全国冬季运动会，以及同冬季运动会"分分合合"的全运会的发展则是另一条主线。因而，笔者打算沿着这两条线索，尝试通过我现有的藏品对冰雪赛事发展做简单的梳理。

一、冰上赛事

在1949年以前，影响力最大的准全国性冰上赛事非20世纪30年代的华北运动会冰上表演大会莫属。1935年1月25至26日，第十九届华北运动会冰上表演大会在北平南海冰场举行，这也是有文字记载以来中国举办的第一次综合性冰上运动会，也是民国时期中国举办的唯一一次较大规模的冰上比赛，共有来自辽宁、吉林、黑龙江、热河、哈尔滨、河北和北平的7支队伍的95名运动员参赛。[1]虽然比赛只是冠以华北的名称，但是从当时国内冰上运动发展的情况来看，这实际上已经是一次准全国性的赛事了。当时的诸多媒体都对比赛进行了重点报道。

比赛项目包括速度滑冰、花样滑冰（个人）和冰球。北平代表队在速滑和花滑两项中大获全胜，远远超出其他代表队。在男子高级组比赛中，北平选手孙元泰获得500米、5000米和10000米的冠军，个人总分遥遥领先。另一位北平运动员夏孙云则夺得1500米冠军，而北平代表队也获得了2000米接力的冠军。女子组比赛中，同样来自北平的选手孙仁实拿下500米、1000米和2000米冠军，仅有250米一项冠军旁落河北队周惠玲。不过男子初级组的五项冠军被河北队包揽。值得一提的是，冠军选手孙元泰和孙仁实是同胞兄妹。在男女花样滑冰个人赛中，北平代表黄洪熙和萧淑芳分别夺冠。女子花滑冠军萧淑芳出身世家，师从国画大师徐悲鸿，日后也成为著名画家，她创作的六幅反映北京滑冰活动的画作，将在另外的篇章中详述。冰球决赛中，以天津选手为主的河北队则以7∶0击败北平队夺冠。

---

[1] 本书所提及地名，尤其是省市名称均有具体时间限定，当时的省份、地名等后来又有调整的，但本文不再标注后期变化名称，均以当时称呼为准。全书同。

◂ 图 2-1
东北区冰上运动大会亚军
银质奖杯（1953年）

◂ 图 2-2
东北区冰上运动大会奖牌
（1953年）

冰 上 運 動

在冬季進行體育鍛鍊，不僅能增進健康，而且能鍛鍊抗寒的能力。同時，對於堅強意志的鍛鍊也有很大作用。

冰上運動是冬季很有趣味的一種運動，在我國北部的河裏、湖面上都可以開闢天然的滑冰場，如練習速度滑冰、花樣滑冰、打冰球等，可以在冰面上作各式各樣的有趣味的活動。

①一九五三年全國冰上運動大會女子花樣組第二名獲得者，東北區代表隊員李健華的冰上花樣表演。

②哈爾濱市第六中學的同學們在一九五三年全國冰上運動大會上表演冰上集體舞。

③一九五三年全國冰上運動大會男子萬公尺的速滑比賽。

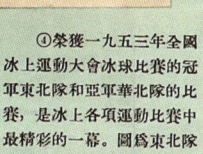

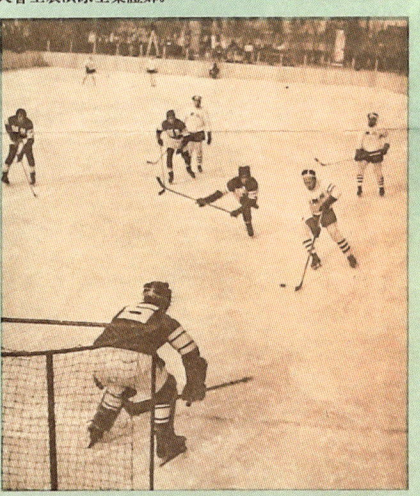

④榮獲一九五三年全國冰上運動大會冰球比賽的冠軍東北隊和亞軍華北隊的比賽，是冰上各項運動比賽中最精彩的一幕。圖為東北隊向華北隊的球門猛烈進攻。

⑤全國冰上運動大會上的女子雙人平衡動作表演。

⑥滑冰是首都人民喜愛的一項體育運動，每當入冬的假日和傍晚，許多男女青壯年和兒童聚集在各個冰場上。這是北海滑冰場一角。

△ 图2-3 首届全国冰上运动会及北京北海滑冰场宣传页（1953年）

中华人民共和国成立之后，在全国体总和团中央的号令之下，冰上运动以东北、华北为中心逐渐发展起来。为了筹备并参与首届全国冰上运动会，1953年2月1至6日，首届东北地区冰上运动大会在哈尔滨市人民体育场（八区体育场）隆重举行。根据当时媒体的报道，参加比赛包括辽东、辽西、吉林、松江、热河、黑龙江等6个省和沈阳、大连、抚顺、鞍山、本溪、哈尔滨等6个市的315名运动员。最终，柳元龙获得男子速滑全能第一，安贞淑获得女子速滑全能第一，田继陈和李建华分别获得男女花滑第一。无论是奖杯还是奖牌，都是当时运动员奋勇拼搏的见证，也是极为少见的珍贵藏品。最终，选出了47人的东北代表团参加首届全国冰上运动会。

相隔不到半月，首届全国冰上运动大会就在哈尔滨八区体育场隆重举行。2月15至18日，来自东北、西北、华北、内蒙古自治区、解放军和火车头体协的196名运动员参加了速度滑冰、花样滑冰和冰球三大项比赛，其中速滑和花滑报名参赛138人，而冰球运动员58名。东北代表队人数最多，最终成绩也最好；西北代表团融合了多民族选手，来自新疆塔城的选手从出发到抵达哈尔滨就花费了近两个月。本次比赛在中国冰上运动历史上具有里程碑的意义，诞生了速度滑冰项目第一批国内纪录。女子项目所有的纪录都是在决赛中创造，因而决赛成绩即为国内纪录，冠军自然就是纪录拥有者。但是男子比赛颇有跌宕起伏的意味，东北区选手李在雄在男子500米中夺冠，另一位东北运动员林振坤夺得3000米第一名，他们的决赛成绩同时成为首批国内纪录。但在1500米、5000米和10000米三项比赛中，冠军和纪录保持者却各有其人。

1954年，同样在哈尔滨人民体育场这块冰场上，吉林省、黑龙江省、松江省和哈尔滨市联合冰上运动大会举行，22人次打破了7项全国纪录。

1955年第二届全国冰上运动会还是在哈尔滨人民体育场举行，依然高潮迭起，参赛的15支代表队中共有31位运动员、72人次刷新12项速滑国内纪录，也就意味着速滑项目的纪录全部改写。与此同

△ 图2-4
全国冰上运动大会秩序册
（1953年）

◁ 图 2-5
吉林省、黑龙江省、松江省、哈尔滨市（直辖市）联合冰上运动大会第一名奖牌（1954 年）

▷ 图 2-6
全国冰上运动大会一等奖奖牌（1955 年）

时，苏联俄罗斯加盟共和国代表队参加了本届赛会的表演赛，并且热心指导中国运动员的训练和比赛，为中国选手日后赶超世界水平起到重要作用。

1956年全国冰上运动大会于1月26至30日在长春胜利公园滑冰场举行。这个冰场历史悠久，有一个标准的400米速滑跑道，冰场中间是开阔的花样滑冰场地，供比赛和训练使用。主冰场的东北角则是独立的冰球场地。笔者收藏的当年1月28日的《中国青年报》就报道了大会开幕的盛况。

1956年的全国冰上大会可谓盛况空前。

▲ 图 2-7 《中国青年报》
刊有文章《全国冰上运动会在长春举行》（1956年1月28日）

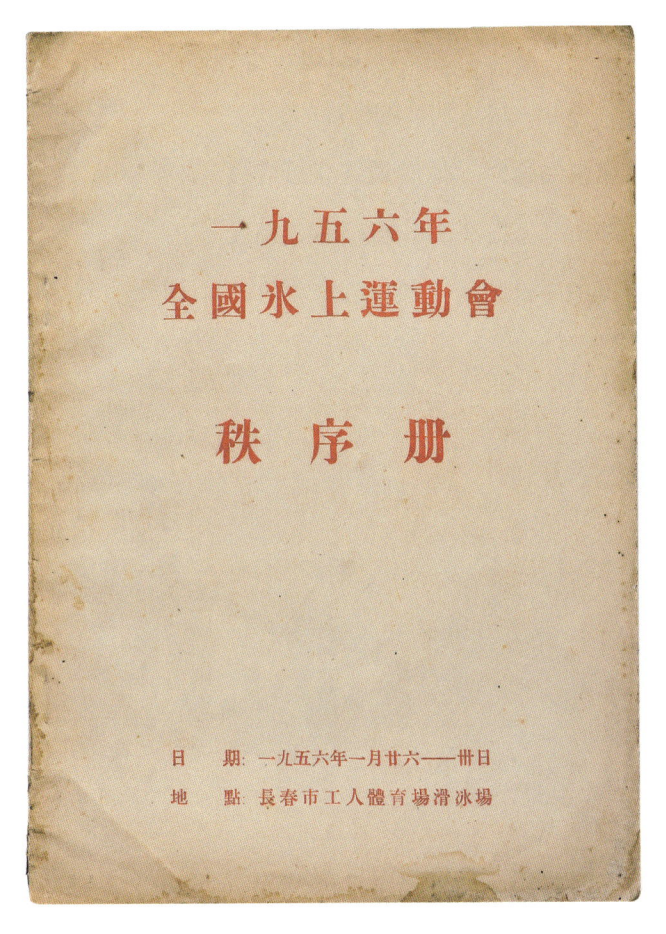

△ 图2-8
全国冰上运动会秩序册（1956年）

△ 图2-9
全国冰上运动会入场券（1956年）

在速滑比赛上，总共男女十个比赛项目，13人33次打破8项全国纪录，个别项目上中国选手开始接近世界先进水平。笔者藏有当时所有打破纪录的十三位男女运动员的合影，其中的林振坤、许明淑等人此后都成为我国速滑项目的中坚力量。林振坤夺取了男子组五个项目中的四个冠军，他的万米成绩18分18秒6已接近当时的国际先进水平，全能总分208.738分也已经达到苏联一级运动员的标准。

笔者还藏有林振坤在万米比赛途中的瞬间，他的最终夺冠成绩把之前他所保持的全国纪录（19分35秒3）提高了1分17秒，幅度之大令人瞠目。许明淑则在女运动员中一枝独秀，独揽五个项目的金牌。

△ 图2-10　全国冰上运动会，运动员脚穿冰鞋，手持国旗出席开幕式（1956年）

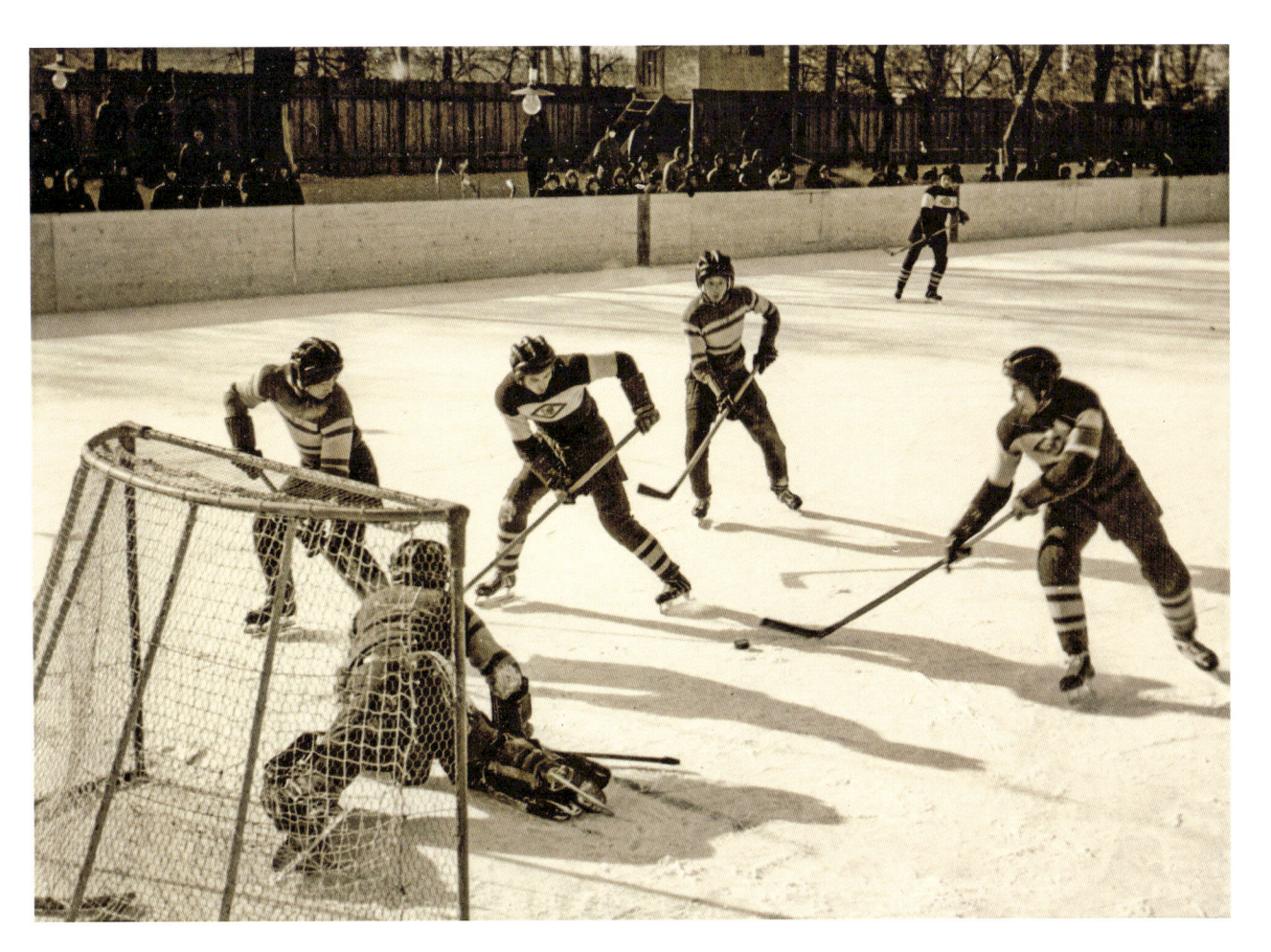

△ 图 2-11　全国冰上运动会冰球比赛（1956 年）

　　值得一提的是，林振坤、许明淑和另外一位男子 500 米速滑冠军张绍君，三人都是来自哈尔滨市，哈市代表队横扫速滑赛场，风头无两。本届赛事的另一特点是鼓励少年选手参赛，并特设少年组比赛项目。速滑赛中专门设立六城市对抗赛，吉林市打破了哈尔滨的垄断获得团体总分第一。花样滑冰则增设了乙组，也就是未满 17 岁的少年组比赛，哈尔滨业余体校的杨家声和孙柏秋分获男女组冠军。

　　1957 年 2 月 4—11 日，第四届全国冰上运动会在黑龙江齐齐哈尔市人民滑冰场举行。齐齐哈尔代表队夺取了速滑十个项目中的七个冠军，李太权获得男子 5000 米、10000 米和全能这三项比赛的第一名，李福莲则获得除了 500 米之外的四个女子项目第一。

▲ 图 2-12　全国冰上运动会女子速度滑冰比赛（1956 年）

▲ 图 2-13　全国冰上运动会打破八项全国最高纪录的十三名男女运动员（1956 年）

前排自左向右：卢成玉、孙洪霞、许明淑、李福莲、金福顺

后排自左向右：朴达华、张鹏瑞、刘元龙、林振坤、郑弘道、张绍君、任世俊、胡双来

▲ 图2-14 全国冰上运动会林振坤在比赛途中（1956年）

▲ 图2-15 打破全国女子速度滑冰最高纪录的女运动员许明淑（1956年）

△ 图 2-16

全国冰上运动会纪念章（1957年）

△ 图 2-17

全国冰上运动会奖牌（1960年）

1962年1月8日 星期一　　　　　体育报

在镜面似的滑道上

世界速滑的演变

1850年钢制冰刀问世后，速度滑冰蓬勃开展，得到了飞跃的发展。七十年来——1891年，在德国区举行的首届欧洲巡回赛，是首次国际性的大规模速滑世界竞赛的开始。其实在这以前，一些国家早已举行过每年例行的比赛，优胜者即被认为是世界冠军。最早的优胜者：挪威人阿克塞耳·巴鲁利森（1884—1886年），人称奥耳·布鲁恩斯（1885年）（1887年），俄国人列别捷夫·弗·弗罗（1888年），人称巴尔夫·多诺坎（1891年）。

五次的巴尔夫以后，最具有声势的是挪威人阿克塞耳，因为他在1892年国际滑冰联合会成立后第一次世界锦标赛上独得五次冠军。此后，较受瞩目的，也就是挪威人哈尔森特·哈森（1894、1901、1903、1905和1907年）世界最新纪录标赛的选手。欧洲锦标赛也用近似的方法决定——

挪威人哈列夫·斯腾伯特（1898年）和惠斯·卡尔·马齐森（1908年），就是在五百米比赛中失利以后，争得了其余三项的优胜而荣获桂冠，

到1948年，凡参加比赛的，必须具备下列条件：500米的五十二名，最后比赛的第十名次的积分；在五千米上未能进入最后十二名，但在前三项比赛中积分为一百二十四次第六名的运动员，才获得五千米进入第十二名的第七名的运动员，这时可代替五千米竞赛中没能入选的第七名的选手。在欧洲锦标赛也用近似的方法决定胜负。

挪威的奥斯卡特是这种决定的。在锦标赛行的最多的人，二十次，芬兰二十二次。现在，越运动员的盛会已举行七十次，有两次在美国举行，1955年在苏联和荷兰也各一次。此外，挪威和荷兰总是世界各冰竞赛项目最多的"国际配合"。

（庄小华编）

且说高山冰场

王泽涛

当你在茫茫的雪原上滑雪时，滑在树梢似的冰场上滑冰时，大概不会想到，我们现在为了生存的农耕竞会妨碍滑行速度吧；然而，滑过滑冰比赛的冰场，正由于空气阻力的点滴，才区分着普通冰场和高山冰场。

我们知道，空气阻力是左右高速度的最大原因。高山上气压低，空气也稀薄少，阻力也就小得多。如果用同样大小的力量来滑冰，那末在高山冰场上成绩一定比平地冰场上快。事实证明，在海拔高出0.1秒、五百米上大约就能取得0.1秒的成绩。那末，那起来，高山冰场和平地冰场的速滑记录各是一比，运动等级标准，当然是有差别的。

不是所有建在山上的冰场都称做高山冰场。高山冰场的海拔必须在这海千米以上，冰上如果只建在千米以下的山地上的，就只能叫"亚高"的早场了。

世界上现有高山冰场的国家为数亚不多，目前被誉列举足闻名的，国名的有：

瑞士的塔沃斯冰场和圣莫莱兹冰场，苏联哈萨克的阿拉首府阿拉木图附近的美马达场（高加索还有个天名的冰场），美国加州地那尔州的斯克沃·维里冰场，意大利的米朱休冰场，以及罗马尼亚的巴贾马纳冰场都属高山冰场。

最著名的是塔沃斯冰场，1954年，多次世界纪录就是在这里创造的。这块美貌克斯·维里冰场，技海一千七百五十米，它是在1960年时为等举行第八届冬季奥运会设置而建成，因此赛的比较尚有很多纪录出现。自然条件好，五百米宽满上，苏联运动员选在这里创出6.9的优异成绩，使世界纪录改动不少。其他项目的成绩也不错。

高山冰场是对避克滑比赛有利，但气候变化起大，因此，除了比赛需有的好时间外，还需具备高山气候的训练。

而如在高山冰场，在海拔之美、闻名世界的长白山上，有朝一日可供练习使用。

流线型及其他

汽车、飞机不断改进成流线型，是减小空气中的阻力。速度滑冰选用来采取了流线型的姿势，两腿下弯，上体前倾，两臂前摆，人脸然紫上，用这种姿势体力小，人脑较紧实。

上体前倾，会把阻碍对身体这不见了，身体在选层中所造成的阻力变得比较小，但可于腹部肌肉的负担，但腹部肌肉地从地下体外经过也紧张地运动起来，臂能手的手势能变更加大，要紧开的身体量的阻力也减小了。摆动的动作，加快步伐。热地把腰部两侧的向身体侧摆动的大小都完全一样，就加得一致。可是，摆动动作反而从是有这阻力作的时间越长，它能越接受体重的作用。这样就能提供更多的腹部的运动。

两腿下弯的姿势强烈，可以使滑得快些。花样力刀身度较大，刀口较弯，刀的两边是很容易不会被花样运动员在做复杂的动作时被场小部位的缘故，由于要使小花样冰刀能上下活动时，却又要使滑冰选手在站立或弯压时方便旋转五六个度，便得突然急速，这种冰刀，不要改变动作。

冰刀种种

凡夫

滑冰运动包括速度滑冰，花样滑冰和冰球三项。由于它们的滑行特点和任务要求不同，使用的冰刀也就有差别。速度滑冰刀刀身长，刀口平滑，刀身侧度小，刀身刀边的头在高速时刀的自由交流摩擦，刀身侧的长度，增加提供滑冰时，却又有有效滑冰刀，冰球运动的的辨别的长度。由于要用于打急停急转急的动作时，以备无时，应承受冲击，碰冲等，不及也特别用作，所以冰球刀身短，而刀口下弯的小狐度，扁平加上相邻的水膜等，还可对牢掌握冰上，扁平是使鞋子在突然急停变急掉改变方向。原拖面积小，易于突然同时改变滑动方向。刀刃下带有的水膜多，还可等于刀撑下的水量，这样就加强阻力大，不必经地慢慢沿停。有它碰到，便无妨，它是刀那么易停。

<!-- 三种刀图示: 速滑刀 冰球刀 花样刀 -->

弯道难行

王柏

我们喜直接骑车、跑步的时候，都与路面和地面的反作用力是作为三者的平衡的。

当滑冰选手进行弯道滑时，为什么不像直线赛那样预先占在前后以有时起跑前的，身体一致地向左边倾斜。这条规律好像又要破坏了，是与滑冰运动员在拐弯处他身向外倾斜才对。是怎么回事呢？

滑冰选手在弯道上滑冰，是不但身侧还要斜预作出后向着时时把身子倾向内侧。因为他必须同时滑出的圆弧需要三十多米，而且所受的自然就要很多了。如果不这样做，那么滑行的圆弧里就会更多。划的自然就要大的毛，所以，按照一般的项目五百米运动员第外侧长或离15.52米，内弯是304.12米，两组一米测差31.40米。而在比赛中，外弯、内弯选手是转换至少要大大，的所以，外弯运动员要多走，所以要与弯道中产生的巨大离心力，而离心力的不同，严重的这种情况下，能会更加滑行发就减小。

速滑的分组

"速滑比赛不像往赛那样，七八个人同时进行比赛，因为速滑速度很快，两组几人同时一齐比赛，很容易发生冲撞，所以规定，每组只能有两个运动员，而且，必须是同队。

滑冰比赛的赛道和田径场那不一样，田径场面上有一米宽，而滑道都约是五长。这样，弯道的长度15.52米，内弯是304.12米，两组一米测差31.40米。而在比赛中，外弯、内弯选手是转换至少要大大，的所以，外弯运动员要多走，所以要与弯道中产生的巨大离心力，而离心力的不同，严重的这种情况下，能会更加滑行发就减小，可是这种在弯道起跑前的时候，所以运动员、更多的要求相同的，比较起来都占据很大的优势。所以滑冰规则规定：为了越过弯道有决定比赛冲刺，规定运动员，如果两人在弯道终点，原在内弯道的上只能转换成弯道上。其他方面的运动员可利用这种情况把力量下发生冲突，则取消内运动员比赛资格。

在与形离心力方面，双方按"机会均等"了。

（乐伟）

红旗飘在大青山上

李泽民

<!-- 革命回忆录 -->

良上一色山米般亮，向东风头起，风光闪闪。

对张主任说，"下命令吧，我去把它吃掉。"张主任沉重的，大家知道王狙叫道："转移，张主任起来了：我一看，几乎所有的敌人都上来了，敌人就有四五个，敌路线上的一族山里的敌人又向下一阵，会怎么样？

又是一天了，部队没有得到休息。战局没有使部队士气又变得越来越坚定了。经受了这些磨练就越战越强，越打越坚强。这时打响了几天几夜的大事，我们早已经把支持几个小时，在战士们再到新的位置，电台也做了最后一个决定。"

敌人从东面是要上来，但敌人的火力并不很大。警卫连长

上有个掩射机的驾驶中腾空在地。把它比的炸。"

战士们身体对好讲部队说："抓紧时间把没法出的，关紧战士们的指示是我们的。"

请队员，胡敏站到了李梧树的白桦和檬树下黑窟窿近，这里是敌占区，敌人并不大力量深入西格基地的中心去，因此，会敌乱动此出，如果敌来西南下。"

一路山上，里得"骨头"一指声"顶"，作为"骨头"的"骨头"指作"竹"子"的"顶"分为"吵"，这里五五十二竿，表现当时的用来："骨头"，这些"骨头"指上上三五五斗"指山上"的是比较实说："骨头"，这是来讲。当这里的"骨头"与"弹歌"都是没有是——骨头竹子"，这里的是"骨头"从这一条是"弹歌"这里的"骨头"是指山上了。

敌人从东边来上来，但敌人的兵力并不很大，警卫连长

反映上古射猎生活的"弹歌"

吴小如

"你应该说：下命令吧，我去把它炸掉。"张主任沉重的，大家知道王狙叫道："转移，张主任起来了：我一看，几乎所有的敌人都上来了，敌人就有四五个，敌路线上的一族山里的敌人又向下一阵，会怎么样？

又是一天了，部队没有得到休息。战局没有使部队士气又变得越来越坚定了。经受了这些磨练就越战越强，越打越坚强。

什么时候又背了下收眼机。"如果机器坏了，和家凡会首的毛爷爷坏了，我们的队伍长斗决议。队长，此次下我去。

望着战士的身子，容爱至，难以忘怀。我们是闪电光，后起这里，鸡蛋不下面，这时候有几个人拿着看，在中原一块石头旁边去。我找了他。

在中原一块石头旁边去找了他。

四边都下了，临明没有出家了上石云阴了，但我们又找了下一个人的，但是这个人就是不会看，在当我把没法出的，我听说没去爬上大青山去。他好像他看的是在闪电光中，我靠些没挥环。"李丹先星，我们一边这个是说地没方的，难怪没这个人，他就是没找的不到——我自找。

准备安慰我这是没有的军心，准备安慰我这是没有的军心，才找到我们，几个战争队伍！

后里里来修了，朝阳没有找到了山了云隔，把他们的东西找到了下山上，军上二大小，这里又打工了了他很久的没一件大一个的样子没没有的样子他向了的在他上了——正没有这么让他们的东西找到了下下了这个人的东西下了下山了——正没有这么让他们的东西找到了下下了"。

后来，起了大家。他有立了，利用火发，敌人最后撤军大青山的张主任在那他们的东西下了下山了"。

然后就没有了，我们党组织把没法又张主任的消息没有都是的那下的大青山上。

后来，我到没那下了，我们自报又得我们出了找到我，他走过几十公里的路找到我们的队伍在这回了回大青山上。

法乃光绘画

"我們曾經見過面"

——无线电通讯多项简介

彭叔微波

人民生活在科学体育全面发展的一个无线电通讯项目，人们对于健康幸福的广泛的关注，已使它成为对人们保健的新型保健途径。它就是运动员体格的强健，以及体育运动员综合素质的要求：在战场上工作，在工厂、学校、飞机、战略的，以及人们对于战斗力的要求：将各行业无线电通讯的要求和人们对于无线电通讯的要求，从战略，政策地制定的，和为此方面的事的一新的进步。

无线电通讯项目在我国军事、工业、农业和交通运输上，智育、体育各个方面的发展的一种重要项目。它要求运动者能够工作尽可能在最劣的气候、最沉重的紧张的情况下，不间断地使其的情况下。 这也是培养青少年在条件边境项目地听抄收和发报。

无线电通讯的能力，要作为今年比赛的项目，并且有助于军队、农村和城市各级人员、机关、学校等根据不同的气候条件下的使用和使用训练水平，一旦使用故障能够最快地速处理和使用通讯的能力，一般的的水平，和

无线电通讯就是这样一个项目。它是目前我国国防和强大的无线电通讯的后备力量。

<!-- 百花园印章 -->

◁ 图 2-18 《体育报》
（1962 年 1 月 8 日）
刊有文章《全国速度花样滑冰开幕》《新手王淑媛破女子五百米全国纪录》等

1960 年 1 月 5 日到 17 日，第五届全国冰上运动会在吉林市举行。比赛项目依然包括速度滑冰、花样滑冰、冰球三大项。当时还是代表齐齐哈尔队参赛的名将刘凤荣在女子 500 米中滑出 50 秒 3，夺取第一。随后她就上调到省队和国家队，同年首次参加世界女子锦标赛就获得全能第十六名。笔者收藏有当届比赛第三名得主的一块奖牌。

随着全国冬季运动会的举办，加之国民经济进入三年困难时期，冰上运动会自 1960 年暂停举办，直到 1973 年恢复举办。在此期间，全国性的单项锦标赛数次举办，而各个地区的地域性赛事也间隔举行。

1962 年 1 月 7 日到 10 日，全国速度花样滑冰锦标赛在吉林举行，这份当时的《体育报》报道了赛事开幕的情景，并突出了当时还不满 20 岁的王淑媛以 48 秒 9 的成绩打破女子 500 米国内纪录并夺冠的消息。

1966 年 3 月，海拉尔举办了全国一级健将速度滑冰锦标赛，当时赛事主办方颁发的参赛纪念品是笔记本，全红底色衬上黄色图案和标题，颇具时代特征。

△ 图 2-19
全国一级健将级速度滑冰锦标赛东方红笔记本（1966 年）

△ 图 2-20
黑龙江省速度滑冰比赛运动员袖章（1972 年）

奖 状

安今顺在一九六二年吉林地区业余体校速度滑冰测验赛会上以1分11秒3的成绩获得女子组500米第三名特发给奖状以资鼓励

一九六二年一月二十三日

△ 图2-21　吉林地区业余体校速度滑冰测验赛奖状（1962年）

笔者所藏1962年吉林地区业余体校速滑测验赛女子组500米第三名的奖状，1972年黑龙江速滑比赛统一发给参赛运动员的硬塑材质袖章。反映了当时冰上比赛的地域性和专业性。

1972年1月28日到2月8日，全国冰上项目恢复集训。从集训程序册上能看出，当时集训的主办方从此前的各地体委转为"黑龙江省革命委员会"和"解放军黑龙江省军区"，显示了当时的时代烙印。随后的1973年、1974年和1977年，全国冰上运动大会又先后三度举办，1973年在吉林市，1974年在牡丹江市和哈尔滨市，1977年又移师吉林市和延吉市。因为随着全国冬季运动会同全运会的融合发展，全国冰上运动会作为独立赛事已经走到了历史的尽头。

△ 图2-22 一九七二年全国冰上项目集训程序册（1972年）

二、雪上赛事

在举办比赛的地理、气候等自然条件方面，雪上项目比冰上项目更加受到客观环境的限制，而在受到西方近代竞技体育影响的传播过程中，雪上项目在时间上也要远远晚于冰上项目。

首次全国性的滑雪比赛直到1957年才在吉林举行。在此之前，大都是探索性和开创性为主的表演赛，主要局限在东北地区。1951年1月24日，吉林省教育厅和吉林体育总会筹备处在吉林市北山雪场举行了吉林省首届滑雪表演赛，参加人员包括工人、农民、战士、学生等百余人，这也是中华人民共和国成立后第一次省级滑雪表演赛。随后三年，吉林连续举办此类滑雪表演赛。1956年，当时的吉林省体委举办了包括通化、吉林和长春三队在内的全省三城市滑雪比赛会，这也是新中国成立之后第一次省级正式滑雪比赛。1957年，吉林总工会则联合体委举办了这三座城市职工滑雪比赛大会。这些赛事无论在赛程设置还是比赛规则方面都并不成熟，但毕竟是新中国滑雪赛事宝贵的第一步。

笔者收藏的几幅老照片，就展示了当时吉林、黑龙江等地人民群众投身滑雪运动的热烈场面。名为《东北人民在滑雪》的老照片，拍摄者用类似无人机的俯视镜头，记录下了漫山遍野练习滑雪的人们的场景，可谓"冰火两重天"。第二张记录了黑龙江阿城一位滑雪爱好者从滑雪场顶部滑冲下来的瞬间。第三张则记录了吉林市工人滑雪队上山到滑雪场的场面，镜头里的年轻人们虽然略显疲态，但是都掩饰不住的朝气和青春，也许他们正是在准备一年之后的吉林三城市职工滑雪对抗赛吧。

△ 图 2-23 东北人民在滑雪（20 世纪 50 年代）

△ 图 2-24　黑龙江阿城一位滑雪爱好者（1956 年）

△ 图 2-25　吉林市工人滑雪队上山到滑雪场去（1956 年）

1957年2月15日，首届全国滑雪运动会在吉林省通化市江南滑雪场举行。8个代表队总共109名运动员参加了赛事。特别值得一提的是，在第一项赛事男子10公里越野滑雪比赛中，当时年仅19岁的中国滑雪界的传奇人物单兆鉴以1小时1分27秒夺冠，他也因此成为第一位全国滑雪冠军。同时，他还夺得了男子五公里越野滑雪赛的冠军，成绩是27分12秒，成为当届的双冠王。单兆鉴代表通化市参赛，而通化市代表队当届成绩最好，共获得十个项目的第一名。

1957年全国首届滑雪运动会的举办，揭开了全国滑雪运动竞赛的序幕。去除"文革"期间的中断，此后几乎每年都有全国性的滑雪赛事举行。截止到2016年第十三届全国冬运会滑雪比赛为止，全国共举办过全国性的滑雪比赛百余次。各种名头的"全国滑雪运动会"，"全国冬季运动会"中的滑雪比赛，"全国滑雪邀请赛"，"全国滑雪锦标赛"，"全国滑雪冠军赛"，全国性各种杯赛、对抗赛、调赛等，可谓琳琅满目。不过其中分量最重的还属全国冬运会的滑雪赛事和全国滑雪运动会。

1958年和1960年全国滑雪运动会依然是在通化市江南滑雪场举行，1965年全国滑雪锦标赛则改在了同样是通化市的金厂子滑雪场举行。1975年的全国滑雪比赛移师尚志县（今尚志市）乌吉密滑雪场举行，1978、1980和1982年全国滑雪比赛则还是在通化市金厂子滑雪场。而1981年全国滑雪比赛则在黑龙江亚布力滑雪场举行。1984年以后滑雪比赛基本按单个项目分别举行，这也符合项目发展的世界潮流和趋势。

笔者的藏品中有两件关于1958年全国滑雪运动会的。一是设计风格简约大方的当届比赛入场券，票的正面上方是比赛名称、时间和地点，下方则配有一张高山滑雪的照片，简洁明了，同样具有相当的史料和文献价值。另一件是一张当时比赛冠军的获奖证书——"韩来儒在一九五八年全国滑雪运动会上以十七秒的成绩获得成年男子快速降下第一名　特发给奖状以资鼓励　一九五八年二月十三日"，盖有1958全国滑雪运动会组织委员会的印章。在查阅了中国滑雪协会

△ 图 2-26

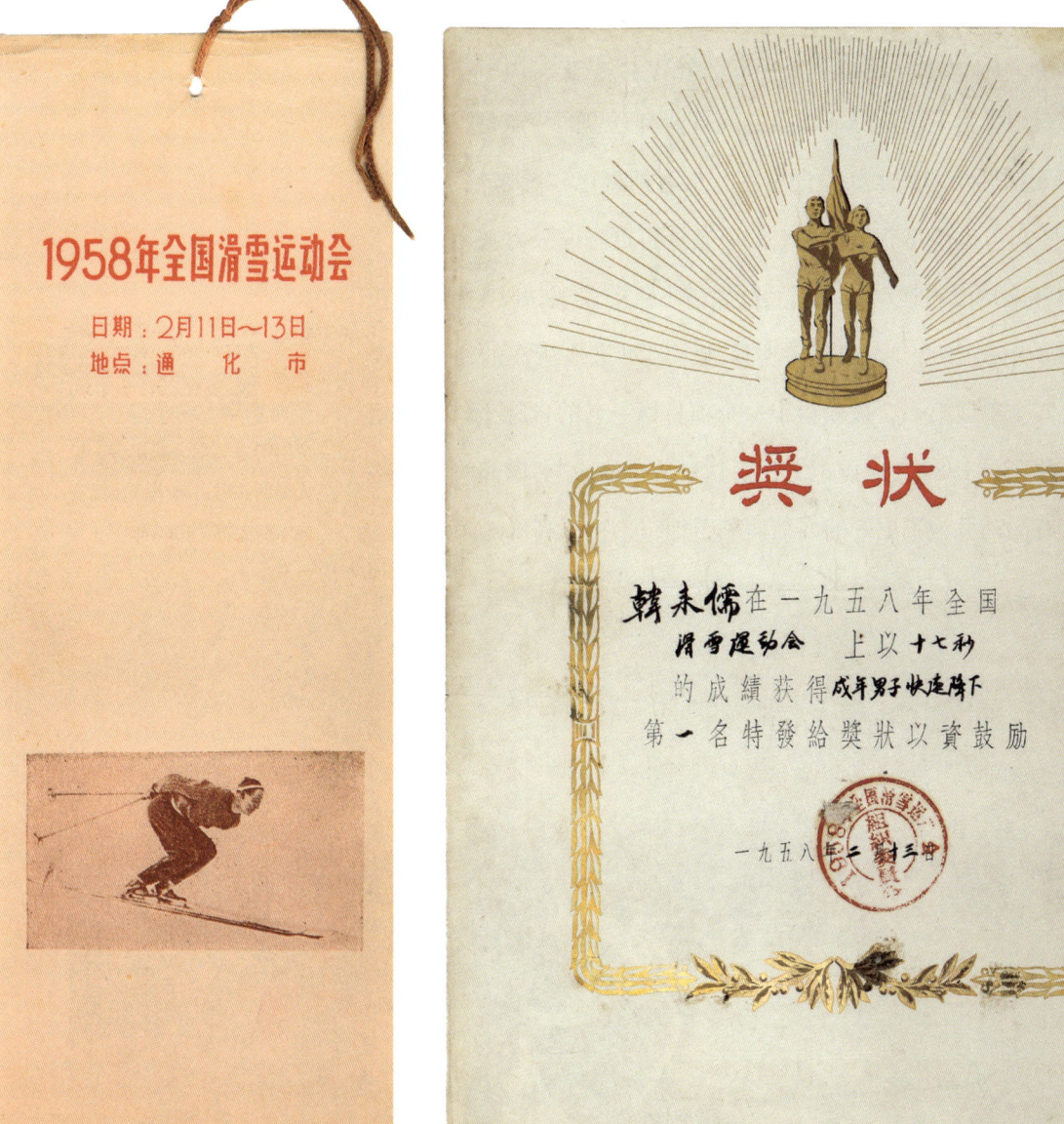

全国滑雪运动会入场券（1958年）

△ 图 2-27

全国滑雪运动会奖状（1958年）

编辑出版的《中国滑雪运动资料选辑》和武汉出版社的《中国滑雪运动史》后，确认这位吉林市的运动员代表的信息。在1957年首届全国滑雪运动会上，韩来儒以18秒3的成绩位居该项比赛的第八名，仅仅一年之后，他就将自己的成绩提高了1秒3，成为这个项目第二位全国冠军。在1959年的首届冬季运动会和1960年全国滑雪运动会上，他都获得了男子快速降下项目的亚军。有意思的一点是，这两本史料中多处都冠以"韩来如"的名字，仅有两处以"韩来儒"为名，不过笔者觉得应该还是获奖证书上的原始资料更有说服力。

　　1960年全国滑雪运动会，张元哲凭借出色的表现，以1分4秒获得成年男子组高山滑雪大型回转项目冠军。不过他所在的通化代表队只获得四个单项第一，被获得十一个项目第一名的吉林市代表队超过。另一枚则是1982年全国滑雪比赛优胜者奖牌，"勇攀高峰"的铭文激励所有运动员为了更好的成绩而刻苦训练，再攀高峰。

▽ 图2-28
全国滑雪运动会成年男子组大型回转障碍降下滑行比赛冠军张元哲（1960年）

▶ 图 2-29
全国体育竞赛滑雪比赛优胜奖牌（1982 年）

再说说全国冬季运动会中的滑雪赛事。1959 年是新中国体育的高潮之年，第一届全国冬季运动会就在高潮中降临，其中滑雪比赛安排在吉林省吉林市举行。在比赛前一年，吉林省政府和国家体委专门拨款，在吉林市尖山子建造了当时全国最大的雪场。1959 年 2 月 1 日到 5 日，第一届全国冬运会滑雪比赛就在此举行。共有新疆、内蒙古、黑龙江、吉林和解放军五个代表队共 122 名运动员参赛。

这届比赛从比赛成绩和技术水平上来说并不算高，不过作为中华人民共和国成立以来首届全国冬季运动会，它首次改变了过去综合滑雪的方式，把比赛分为高山、越野两大项 17 个小项，并改进了滑雪板，改良了滑雪技术。更重要的是，比赛期间首次举办了滑雪技术训练班，而传经送宝的是赫赫有名的俄罗斯联邦滑雪队专家团。以功勋教练纳基宾为首的专家组还包括科兹洛夫、特洛成克、苏申娜和秋林等四人。由此，滑雪运动紧跟冰上运动步伐，也打开了"请进来，走出去"的国际交流之路。

另外两张老照片则是1959年首届全国冬运会的闪耀夺金时刻。图中的吉林选手傅薇在高山回转项目中急转通过旗门，最终她以两次合计1分53秒2的成绩获得第一。另外一张图中同样是来自的吉林的选手朴明子，她在成年女子组的快速降下比赛中以33秒的成绩获得第一。

　　全国冬季运动会到目前共举办了十三届。前五届赛事中，滑雪赛事包括高山滑雪和越野滑雪；第六届增设跳台滑雪为比赛项目；自由式滑雪则从第七届的表演项目到第八届转为比赛项目。特别值得一提的是，2009年第十一届全国冬季运动会，还增设自由式滑雪为比赛项目。多年以来，它作为中国冰雪运动发展强有力的基石，不断为中国冰雪事业培养人才，贡献纪录。

△ 图2-30　苏联功勋运动员、专家组组长、苏联联邦滑雪队领队、斯维尔德洛夫斯克体育学校校长纳基宾指导我国运动员作不持雪仗的两步交替滑行动作（20世纪五六十年代）

△ 图 2-31　吉林队的傅薇在成年女子组回转障碍降下滑行比赛急转通过旗门（1959年）

△ 图 2-32　吉林队朴明子在进行成年女子组快速降下滑行比赛（1959年）

三、全国冬季运动会发展历程

我们主要通过相关的藏品，来回溯一番全国冬运会的发展历程，梳理与冬运会"分分合合"的全运会在冰雪项目设置上的变迁。

1959年2月，第一届全国冬季运动会在吉林市和哈尔滨市举行。本届冬运会共设速度滑冰、花样滑冰、冰球、高山滑雪、越野滑雪五个大项、四十个小项。冰上项目于2月10至20日在哈尔滨市举行，滑雪项目于2月1至5日在吉林市举行。共有来自北京、河北、内蒙古、辽宁、吉林、黑龙江、山西、陕西、青海、宁夏、新疆等地的12个单位参加。《光明日报》和《体育报》都在头版的显著位置，报道了冬运会开幕和滑雪比赛开始的消息。哈尔滨市社会反响较大，政府部门组织单位人员和市民免费入场观看，为比赛壮大声势。

◀图2-33
第一届全国冬季运动会参观券（1959年）

◀图2-34
全国冬季运动会闭幕宴请柬（1959年）

△ 图 2-35
速滑全能冠军郑弘道在比赛中（1959年）

　　1959年的参观券是当时冰上比赛通用的观看凭证，持券者就能免费观看每个比赛日上下午各一场比赛，但是必须从指定的入口进入。还有张请柬是限量发给指定人员参加闭幕宴会的，曾经属于解放军代表团的马敦用同志，被我在几年前幸运收藏所得。

　　在竞技成绩方面，速度滑冰的中坚力量开始发力，第一个创造男子1500米全国纪录的郑弘道获得当届男子全能第一，60年代首破世界纪录的罗致焕更以初生牛犊之势，战胜另一名将王金玉，夺取男子5000米和10000米两个项目的冠军。

　　1965年第二届全国运动会举行，当时依旧没有包括冬季项目，而冰雪项目并未像首届全国冬运会那样单独举行赛会，因而原本计划中的第二届全国冬季运动会虚有其名，实则停办了一届。

　　第三届全国冬季运动会属于1975年全国运动会的组成部分，于1976年1月16日至26日在哈尔滨举行冰上项目，2月18日至23日在黑龙江省尚志县（今尚志市）举行滑雪项目，共有14个代表队的972名运动员参加。比赛项目同首届一样是五个大项。

△ 图 2-36　中华人民共和国第三届运动会冰球竞赛秩序册（1976年）

◁ 图 2-37
中国人民共和国第四届运动会冰球、花样滑冰秩序册（1979年）

第四届全国冬季运动会也是当时全运会的一部分，于 1979 年初分别在黑龙江尚志县举行雪上项目，新疆乌鲁木齐市举办速度滑冰比赛，全运会主办地北京市则首次参与冬运会的组织工作，举行了花样滑冰和冰球两项。

第五届全国冬季运动会于 1983 年 3 月 12 日至 22 日在黑龙江省哈尔滨市举行。比赛项目上增加了短道速滑和冬季两项。值得一提的是，从本届比赛开始，冬运会从全运会母体中"脱胎而出"，自此有了自己独有的名称和赛事体系，不再从属于全运会。最终，在首次团体积分的较量中，黑龙江队、吉林队和解放军队分获前三名。

▲ 图 2-38 第五届全国冬季运动会开幕式（1983 年）
这是当时来自黑龙江、吉林、内蒙古、河北、新疆、解放军和火车头体协的 7 个代表队在哈尔滨新建滑冰馆参加开幕式的场景

△ 图2-39 在第五届全国冬季运动会上国际滑冰联会主席鲍尔森为运动员颁奖（1983年）

第六届全国冬季运动会于1987年3月8至16日在吉林市举行。跳台滑雪增设为比赛项目，共有15个代表团、573名运动员参加了比赛。

第七届全国冬季运动会于1991年2月2至9日在黑龙江省哈尔滨市举行。本届运动会有35个代表团参加，其中广东中山代表团是第一个参加赛事的南方代表队。本届赛事运动增设自由式滑雪为表演项目。最终1人1次打破1项世界纪录，3人2队7次创4项全国纪录。

第八届全国冬季运动会于1995年14至24日在吉林省吉林市举行。来自全国33个代表队的579名冰雪运动员参加了9个大项58个小项的争夺，其中自由式滑雪改为正式比赛项目。

第九届全国冬季运动会于1999年1月在吉林省长春市举行，共30个代表团、1168名运动员参赛，比赛项目与上一届相同。

△ 图2-40　左：第七届全国冬季运动会金牌（1991年）；右：第七届全国冬季运动会金属纪念牌（1991年）

◀ 图 2-41
中华人民共和国第八届冬季运动会冰上秩序册（1995年）

◀ 图 2-42
中华人民共和国第十届冬季运动会筹备委员会成立纪念水晶摆件（2001年）

△ 图 2-43
中华人民共和国第十二届冬季运动会总秩序册（2012 年）

第十届全国冬季运动会于 2003 年 1 月 5 至 18 日在黑龙江省哈尔滨市举行，有包括 10 个大项 74 个小项比赛，其中增设冰壶为比赛项目。来自 34 个代表团的 846 名运动员参加了比赛。

从第七届到第十届冬运会，和同届的全国运动会实行的是时间上分割、项目上融合的安排。这四届冬季运动会都提前到同届全运会前两年举行，而同届的全运会又增设了冰上比赛项目。直到 2008 年的第十一届冬季运动会，提前到同届全运会前一年举办，而全运会除了冰上项目，还增设了自由式滑雪比赛。

第十一届全国冬季运动会于 2008 年 1 月 18 至 28 日在黑龙江省齐齐哈尔市举办。来自北京等 35 个代表团的 1000 多名运动员参加本届冬运会，在参赛人数、比赛项目和赛事规模上都创造了当时的纪录。

第十二届全国冬季运动会于 2012 年 1 月 3 至 13 日由吉林省承办，本届冬运会是首次由省级政府承办的大型综合性冬季赛会，5 个大项 12 个分项 105 个小项共吸引了 43 个代表团的 1067 名运动员参赛。本届比赛部分项目积分被计入次年同届全运会，而全运会则不再举行冬季项目赛事。

第十三届全国冬季运动会于 2016 年 1 月在新疆维吾尔自治区举行，这也是新疆第一次举办全国综合性运动会。

原定于 2020 年举行的第十四届冬运会已经推迟举行。

因疫情使冬运会推迟的遗憾之际，我用收藏的历届冬运会和内蒙古体育藏品举办了"战疫情 迎冬运——庆祝冬运会六十周年暨内蒙古冬季体育文化展"。

在谈及中西方冰雪运动文化的差异时，著名体育史专家崔乐泉曾表示，中国传统冰雪运动因地理环境因素而肇始，因生产活动而发展，因文化生活而演进，并最终成为兼具大众文化休闲与民族表征的一种东方冰雪文化形态，因而更注重人性的自然表达；而源于西方的冬奥冰雪运动，由于西方文化中强烈的竞争意识、善于展现自我的人性表达、科学与多元的文化价值观，更注重人性竞技潜能的展示。那么我想，随着我国冰雪运动的不断发展，已经形成了全国冬

◀ 图 2-44
庆祝冬运会六十周年暨内蒙古冬季体育文化展讯息

季运动会为基石，各个单项锦标赛各个击破的网状赛事结构。再随着北京冬奥会的举行，我国的冰雪赛事也迎来新一轮的发展高潮。在携手并肩"一起向未来"的过程中，东西方冰雪文化也将找到更好的融合之路。

第三章
从冰雪藏品看冰雪运动特质

一、冰雪运动的空间特质

无论是阿勒泰先民为生存所创的滑雪板,还是林海雪原中抗联战士们卓绝的滑雪技术,都是人们在历史前进的道路上不懈地同环境、同对手、同自身顽强斗争的成果。收藏体育老物件时间久了,笔者便有这种强烈的感受和体验——各种类型的运动,其本质都是在特定时空中与外部环境、与对手乃至同自己所进行的对抗,冰雪体育活动的开展需要具备更特殊的时空条件,因而这种感受更加强烈。

2021年的国庆长假,恰好看见了"新民体育"公众号的文章《国庆长假 申城"冰"纷多彩》,文中这样描述道:即将迎来北京冬奥倒计时百日,国庆假期气温的飙升比不过上海市民对冰雪运动的热爱之情,申城"冰"纷多彩,各种冰雪赛事、冰上活动扎堆。文中透露,即将举行的2021上海市青少年花样滑冰锦标赛暨上海市花样滑冰公开赛有来自13个代表队的213人报名,角逐17个组别的冠军,参赛人数创历届最高。全国青少年四季滑雪赛也将首次在上海设

图 3-1
上海《精武画报》第 11 期报道"风雪之运动"
（1928 年）

立分站赛。同时，由奥运冠军杨扬创办的飞扬冰上运动中心，在上海滩深耕八年之后，已经培养出不同项目的多位优秀运动员。

在上海滩玩转全民冰雪运动，放到二三十年前很难想象。因为冰雪运动的时空特质决定了它的客观局限性，而当时的技术无法改变这种现实。好在人类的智慧从另一个角度另辟蹊径解决了这个问题。滑冰运动在长江以南地域的替代品——当年被称为跑冰，也称为滑旱冰，现在更多地别称为轮滑。用一双四轮滑动的轮滑鞋取代冰刀，掌握同样技巧的人类就能获得异曲同工之妙。

图 3-2　上海"胜利牌"旱冰鞋（20 世纪七八十年代）

△ 图 3-3　上海大都会旱冰场众人合影（1939 年）

△ 图3-4

左:"上海牌"滑冰图案闹钟（20世纪七八十年代）

右：上海锦隆搪瓷厂"海狮牌"滑雪图案搪瓷盆（20世纪七八十年代）

△ 图3-5　上海"国光牌"滑雪图案口琴（20世纪七八十年代）

▷ 图 3-6

《跑冰术》（1939 年）

在笔者的藏品中有一本 1939 年由上海启明书局刊印、华竞武编著的《跑冰术》。绪言中这么写道，跑冰"大概也有几十年了。它之所以能够风靡一时，到现在更有蒸蒸日上的趋势：一方面因为它是一种不费力的全身运动，任何人都可以尝试；一方面又是一种无上的娱乐，可以给人一种飘飘然羽化而登仙的感觉；形式的千变万化，更是增加兴趣的一个重要原因，使人有任意发挥创造本能的机会"。

跑冰之于滑冰，正突显出人类对于客观环境和条件的突破，让人类的自由更有广度和深度。书中还有一段话令人印象极深："最理想的跑冰场，应该在大自然中，人像飞鸟一样滑翔于琉璃的镜面上，仿佛要脱离了这个世界似的，发生了灵魂净化的快感。然而困难的是大自然并不随时随地都供给人们这种便利。有小轮的跑冰鞋的创制，便是弥补这种缺憾，柏油地上都可以一显身手了。设备完好的跑冰场，都有精致平正而光滑的地板，精练以后，所得的快乐和在真正的冰上完全无异。"民国时期，著名的永安商场的跑冰场便是上海滩名噪一时的风尚跑冰之地，靓女俊男在此翩然滑动，同京津冰场并无二致。而当时不少的月份牌和年画也记录下了这些场景。

实际上，在人造冰雪技术成熟之前，客观环境对于冰雪运动的限制相当严苛。不说温暖湿润的长江流域，即便是风寒交加的西北边塞，从事冰雪活动的条件也相当恶劣。

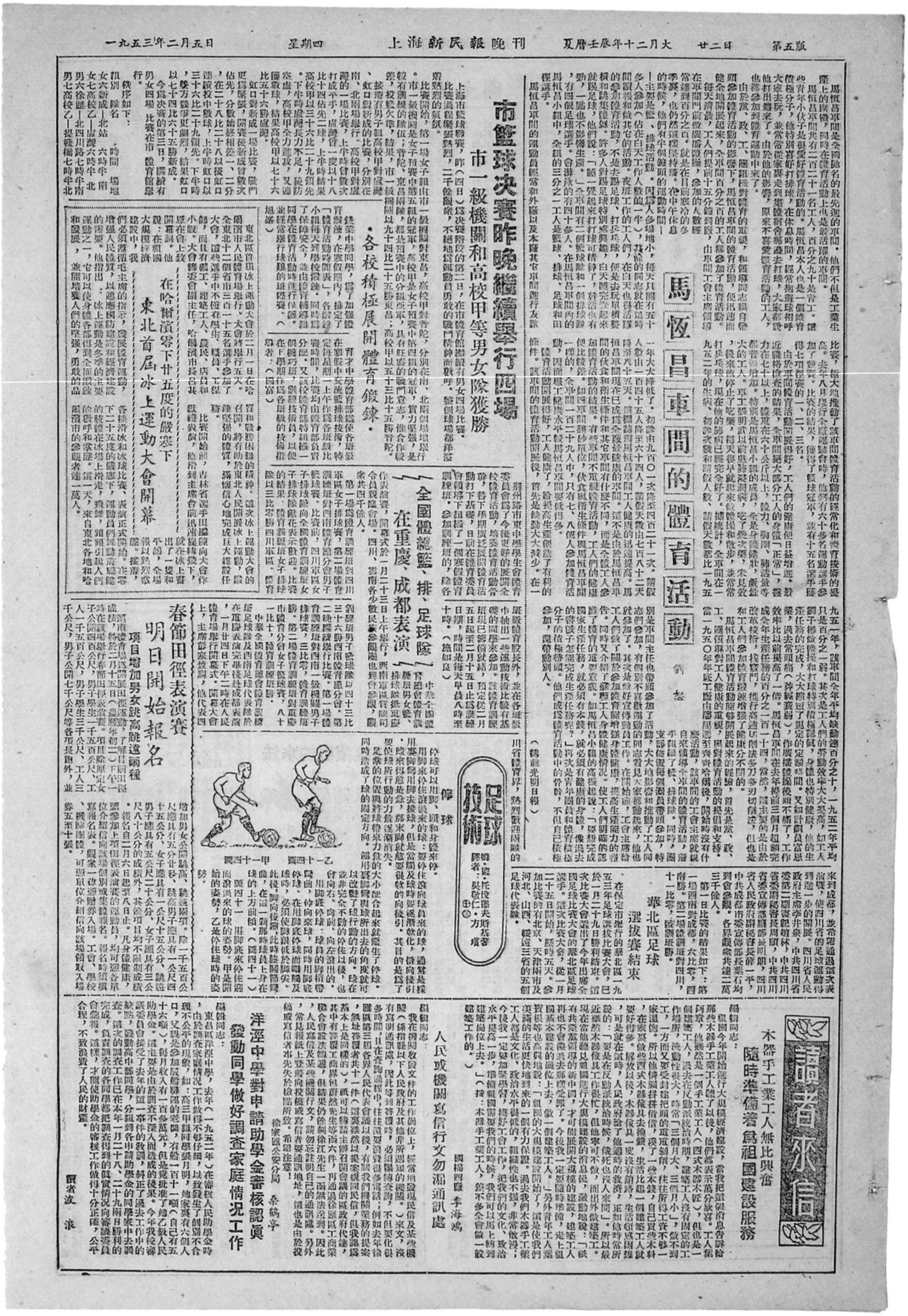

第五版 夏曆壬辰年十二月廿二日 上海新民報晚刊 星期四 一九五三年二月五日

馬恆昌車間的體育活動

市籃球決賽昨晚繼續舉行四場

市一級機關和高校甲等男女隊獲勝

各校積極展開體育鍛鍊

在哈爾濱零下廿五度的嚴寒下

東北首屆冰上運動大會開幕

全國體總籃、排、足球隊在重慶、成都表演

春節田徑表演賽明日開始報名

足球技術

華北區足球選拔賽結束

讀者來信

人民或機關寫信行文勿漏通訊處

洋涇中學對申請助學金審核認真 發動同學做好調查家庭情況工作

▲ 图 3-7　上海《新民报晚刊》（1953 年）

刊有文章：《在哈尔滨零下廿五度的严寒下　东北首届冰上运动大会开幕》

1953年2月，全国首届冰上运动会在哈尔滨召开时，《新民晚报》的特派记者采访了由多民族组队参赛的西北区代表队。尽管西北地区有一定的气候条件从事冰雪运动，但是物质条件相当恶劣，领队高森说他们从来没有像样的冰场，练习的地方就是些冰冻了的小河和水坑，"只是在常穿的牦疙瘩（长统牦靴）底下绑上一块板，板下加了一块铁片，就这样当了冰刀"。参加首次全国冰上运动大会，对于绝大部分西北代表队的队员来说，是他们第一次看见真正的冰刀。

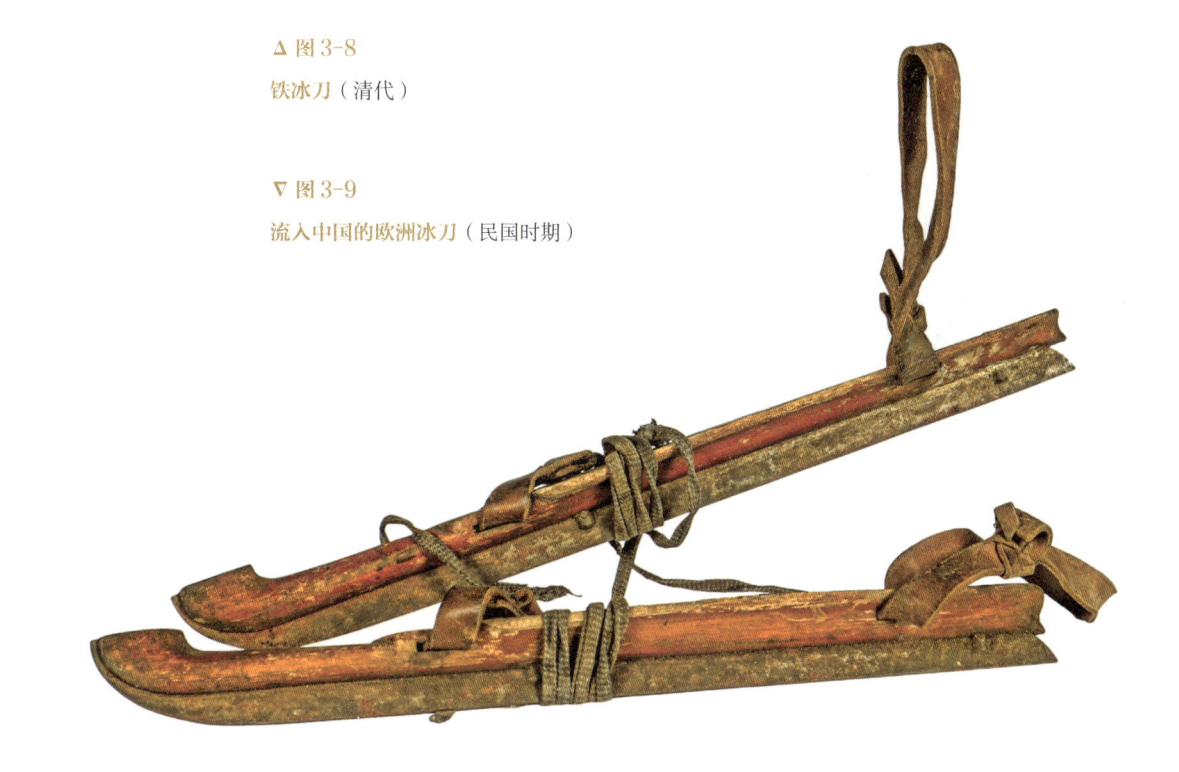

△ 图 3-8
铁冰刀（清代）

▽ 图 3-9
流入中国的欧洲冰刀（民国时期）

△ 图 3-10
冰刀鞋（新中国初期）

说起冰刀，笔者收藏有一副清代铁冰刀。此铁冰刀为手工锻造，乃存世稀品，锻造痕迹简明有力，呈现了铁的柔韧性和延展性，表现出制作者技艺娴熟、精湛。铁冰刀整体粗犷古朴，厚重稳健，雄劲简洁。因年代久远，其表面形成厚厚的棕红色铁锈。铁冰刀雕塑般的立体美，堪称中国古代雕塑艺术品，是一种独具风格的有实用价值的艺术作品。传统手工打铁技艺，起源于五代，这种技艺，看似简单，但不易学，现已成非物质文化遗产。“炉火照天地，红星乱紫烟。”坚硬的铁块，在打铁匠高超的锻技锤炼下，变成铁板、长方、方尖、圆弧，并用自制粗铁铆钉固定连接铁板，最终成为冰刀。

中华人民共和国成立初期，百废待兴，尽管国家号召大力发展冬季体育运动，但是承载和运行冰雪项目的物质条件也需要一步步发展。即便是近代冰上运动中心的北京同样如此。笔者收藏的一份1951年12月14日《北京新民报日刊》就在第二版刊登了《人民滑冰

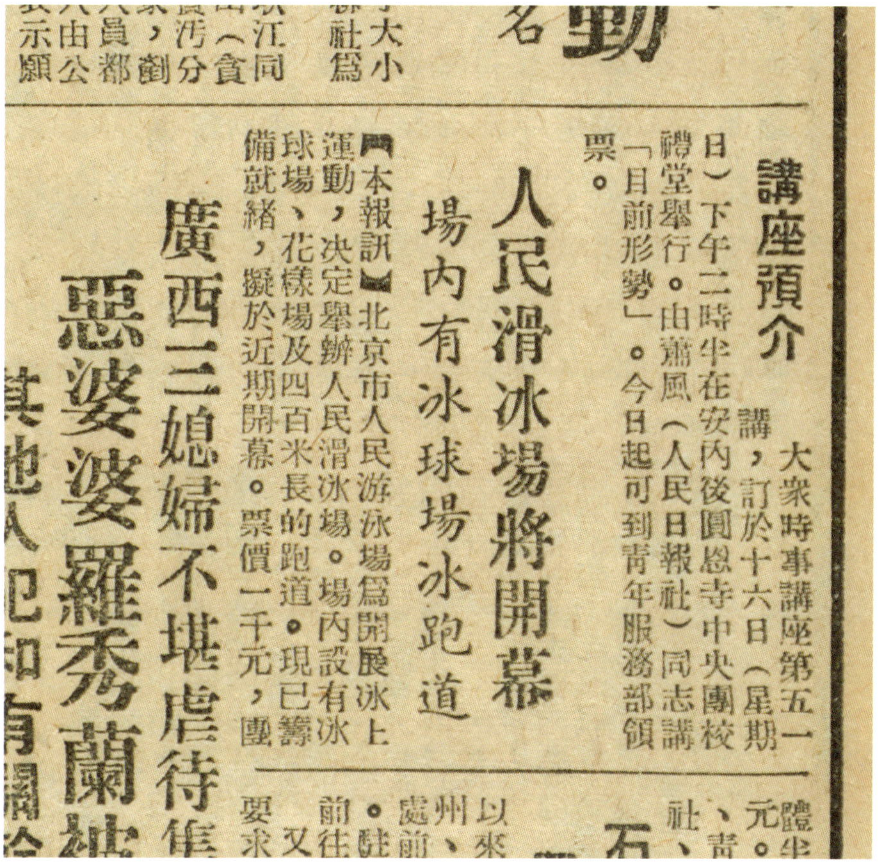

講座預介

大衆時事講座第五一講，訂於十六日（星期日）下午二時半在安內後圓恩寺中央團校禮堂舉行。由蕭風（人民日報社）同志講「目前形勢」。今日起可到青年服務部領票。

人民滑冰場將開幕
場内有冰球場冰跑道

【本報訊】北京市人民游泳場爲開展冰上運動，決定舉辦人民滑冰場。場內設有冰球場、花樣場及四百米長的跑道。現已籌備就緒，擬於近期開幕。票價一千元，團

廣西三媳婦不堪虐待

惡婆婆羅秀蘭

▶ 图 3-11

《北京新民报日刊》报道人民滑冰场将开幕（1951 年）

场将开幕　场内有冰球场冰跑道》的消息，记录了冰雪运动漫长而又艰苦历程中的一步。消息中写道，北京市人民游泳场为开展冰上运动，决定举办人民滑冰场，"场内设有冰球场、花样场及四百米长的跑道。现已准备就绪，拟于近期开幕。票价一千元，团体半价。季券每张一万五千元，预售一万元"。消息中列出的预售地点有人民游泳场、青年服务部体育场、西单久大体育用品社、八面槽同来商行等。

从空间领域角度而言，冰雪运动在发展过程中都经历过困难，古今中外东西南北，莫不如此，只不过困难程度不同而已。即便是在银装素裹的东北地区，为了能让更多的人们加入冰雪运动中，人们还是在不懈地努力。

在人民体育出版社1959年出版的《在银光闪烁的道路上——谈谈新中国的滑冰运动》一书中记录到，据1954年吉林、黑龙江、辽宁等省不完全统计，已建立341处大小不同类型的滑冰场，比1952年增加了一倍半，到1956年已增至575个冰场，其中新建和扩建的大型标准速滑冰场就有4处，一般都可容纳观众1万人以上，而哈尔滨和齐齐哈尔的速滑比赛冰场均能容纳两三万观众。书中还提到新疆地区在1954年召开了自治区的第一次冰上运动会以后，自治区的主要城市乌鲁木齐、克拉玛依、哈密、塔城等地都修建了人工冰场，"从而吸引了成千上万的滑冰爱好者"。

书中还记录有这样一组重要的数据——在1953年全国冰上运动会的推动下，我国群众性的冰上运动更加广泛地开展起来，参加滑冰的人越来越多了。据北方几个省的不完全统计：1952年仅有1万多人参加滑冰运动，1954年增加到16万人，1956年增加到30多万人，1957年增加到35万人。1958年是我国"大跃进"的一年，发展更为迅速，参与滑冰的约为100万人。这个数字几乎等于1952年到1957年参加滑冰运动人数的总和。这样的迅猛发展的基础，首先要归功于新中国对于冰雪运动设施的大力兴建，拓宽了运动开展的空间条件。历史进行到"北冰南展"计划和"带动三亿人参与冰雪运动"纲要的实施，冰雪运动已经在长江内外、珠江上下遍地开花了。

△ 图3-12
王冠英、刘敏庆编著《在银光闪烁的道路上——谈谈新中国的滑冰运动》书影（1959年）

△ 图 3-13 冰球比赛宣传画（1955 年）

◀ 图 3-14
《滑冰》连环故事画册
（1956年）

◀ 图 3-15
上海公私合营天明糖果厂
滑冰图案奶糖糖纸
（20世纪50年代）

△ 图3-16 《中国体育》民众参与冰雪运动明信片一组（1974年）

△ 图 3-17

"重庆牌"火柴滑雪图案商标 16 张
内含：越野滑、男子冰球、室内
速滑、冰上舞蹈、男子单人滑、
女子冰球、男女双人滑、室外速
滑、女子单人滑、双人雪橇、雪上
速滑、高台滑、障碍滑、三人滑、
女子双人滑、单人雪橇的图案

二、冰雪运动的时间特质

看完空间线索，我们再沿着时间这条人类永恒的轴线做一次粗浅的探索。冰雪运动由于其独特的物质环境条件，让其客观上便具有绝大部分其他运动不具有的时间特性。即便是在冰雪运动盛行的北方，如果在纯粹天然的环境里，一年里能够在户外滑雪、溜冰的时间也十分有限。以北京为例，也就是每年12月、1月及前后屈指可数的日子，还只是说滑冰。

在清人潘荣陛所著《帝京岁时纪胜·燕京岁时记》这本记载北京年俗风情的册子里，把和冰上活动相关的习俗归纳到农历十二月份里。如果按照历法换算，农历的十二月份大概相当于我们现在日常使用公元纪年所说的1月底、2月初前后。冰雪运动这种时间上的特质，古今中外，莫不如是。现代运动体系中集冰雪运动大成于一身的冬奥会，也大都在这个时间段举行，上一届韩国平昌冬奥会便是2018年2月9日开幕。

◀ 图3-18
平昌冬奥会火炬手成龙签名的火炬（2018年）

▶ 图3-19
《帝京岁时纪胜·燕京岁时记》
（1961年）

图说冰雪体育

△ 图3-20 滑雪图案年历（1973年）

△ 图 3-21　滑雪图案年历（1977年）

所以，每每当我看到人们驰骋在银装素裹的冰雪世界中时，总会不由自主、油然而生一种紧迫感——"时间真快，一年又过去了！"仔细想来，这种由观看运动带来的时间上的压力还真是其他运动所无法带来的独特感受。冰雪运动盛行于年头岁末的这种特性，也让它在不少年历、挂历等物质载体上有了特殊的用武之地。

笔者收藏的以冰雪运动为内容的年历、挂历藏品，大都来自20世纪70年代。其中两幅大尺寸的挂历，一张是1973年的，画面中欢乐的人们驰骋在林海雪原之中；另一张则是1977年的，全身滑雪装备、发型可爱的"洋娃娃"准备滑雪去。小张的年历卡则分别是1975年、1977年和1979年的。1975年的是两位少女正在练习花样滑冰的场面，1977年的画面是一个正在滑雪的玩偶造型。1979年的是中华全国体育总会发行的滑冰宣传画。

◀ 图3-22

冰雪年历卡

（20世纪70年代）

还有一张1956年中央直属机关解放军总直属队冰上运动纪念书签，发行者同时将当年的日历印制在书签的下半部。冰雪运动的时间特质，同年历所要传达给人们的那种感觉大致相当，便是：一年又过去了啊！

▶ 图3-23
中共中央直属机关解放军总直属队冰上运动会纪念年历书签（1956年）

三、冰雪运动的文化特质

如果说这种独特的时间上的质感是纯天然的客观属性，那么由此引发的"喜感"，更大程度上是一种主观感受和客观属性交织的文化记忆。这里所说的"喜感"，并非是我们赞叹某位喜剧演员天赋异禀时说的那种幽默气质，笔者想要说的是喜庆的、欢乐的节日气氛。岁末年初，新旧年份交替，同样也是各种节日争前恐后赶来之时，从西方的圣诞节到中国传统的农历春节，从中西合璧的元旦到规矩多多的腊八节，浓浓的节日气氛裹挟着溜冰、滑雪这些"时髦"的运动，便成为冬季里一份独特的记忆。

笔者收藏的这些以冰雪运动为表现特征的藏品，几乎都可以写一部"拜年史话"了：

比如一张正面是满载礼物、滑雪而降的圣诞老人的民国时期的贺年片，背面印有"恭贺新禧"的字样；送卡者用中文祝福"唐华、国清，二位共分之"，并用英文留下自己的签名，这也算是中西合璧的混搭吧。

另外一张同时期的贺年卡则具有更强烈的地域特征，正面是两位打扮时尚的青年女子身穿艳丽的裙装，穿着跑冰鞋轮滑，右上和左下角印有"恭贺新禧"和"马瑞帧鞠躬"，背面残缺的字样中能看出"770号二楼，新新公司收"。想来这是一位上海商人当时订制的用来联络感情的贺年卡，用的主题就是当时上海滩上的时髦活动跑冰。

时代车轮滚滚向前，贺年卡、明信片上的冰雪主题依然新鲜，但伴随的贺词和主题语却有了不同的时代烙印。这张少年儿童滑冰北海的贺卡，印有"祝你进步"的贺词。还有一张滑冰北海的贺卡，则有送卡人手书"送给敬爱的汪老师，祝您工作顺利，学习进步"。两张贺卡都用于20世纪50年代，洋溢着浓厚的健康向上的社会主义精神文明气息。

△ 图 3-24
圣诞老人滑雪图案贺卡（民国时期）

△ 图 3-25
恭贺新禧双人女子滑冰图案贺卡（民国时期）

▶ 图 3-26
《祝你进步》贺卡
（1955年）

图3-27
北京北海白塔滑冰图案恭贺新春贺卡（20世纪50年代）

到了20世纪50年代末60年代初，贺卡居然直接变成了《运动员等级标准》，可见滑冰魅力之大！

笔者收藏的这份《男子速度滑冰运动员等级标准》是人民体育出版社1958年出版的，页内详细标有男子五个单项和三种全能从少年级到一、二、三级，再到健将级的成绩标准。女子版同样如此。

男子版的《标准》是1962年元旦赠送给一位名为田溪的小朋友的，祝他"新年愉快"，女子版的《标准》则是在1958年12月31日赠给"亲爱的学友：松葴"。这两份特殊的贺卡除了祝贺新年以外，也是希望收到贺卡的友人刻苦训练，早日达标升级的祝愿吧！

冰雪活动及其自身与生俱来的节日喜感，形成了一种独特的文化特质。2022年2月4日，北京冬奥会开幕当天，是中国农历春节的大年初四，全中国的老百姓都在除旧迎新的佳节气氛之中，而且这天还是二十四节气之立春节气——万物起始、一切更生。北京冬奥会为奥林匹克运动，乃至全人类吹响春天的号角，就如同巴赫主席说的"隧道尽头的那份亮光"，给人们带来新的希望。

△ 图 3-28　男子速度滑冰运动员等级标准（1958 年）

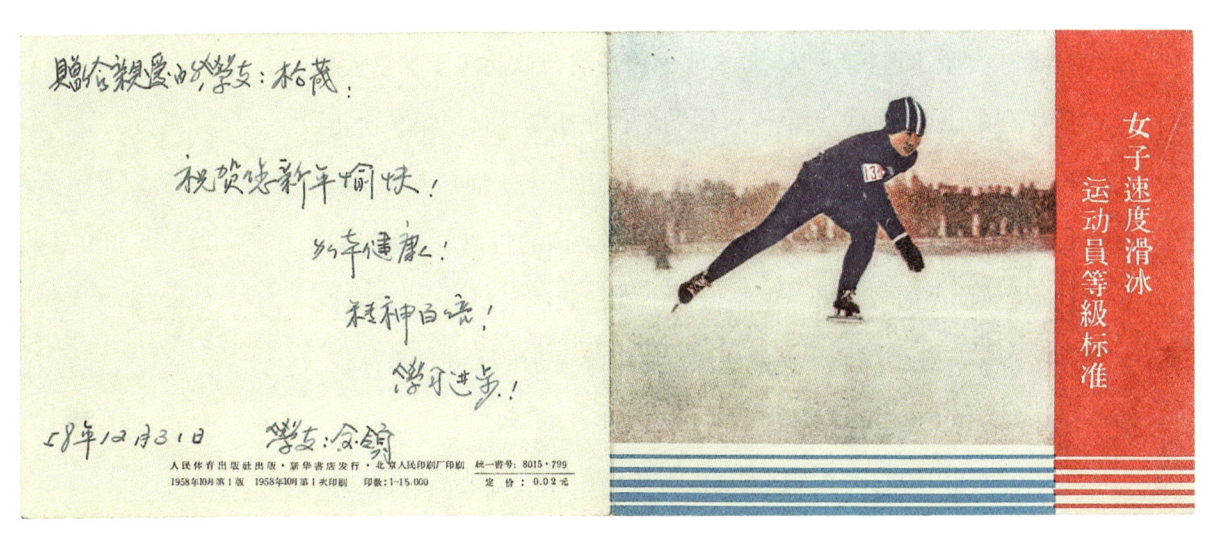

△ 图 3-29　女子速度滑冰运动员等级标准（1958 年）

附 录

渊源共生 和谐共融
—— 从冰雪运动收藏看国际冰雪运动发展

随着冰刀技术的发展，由荷兰领头的近代冰刀发展推动了冰上运动在欧洲、美洲的发展。1742年，苏格兰诞生了世界上最早的滑冰俱乐部——爱丁堡俱乐部。而冰球运动目前公认起源于加拿大。1857年3月3日，在加拿大蒙特利尔维多利亚冰场举行了第一次正式的冰球比赛。1890年，世界上第一个冰球组织——加拿大安大略冰球协会成立。而在花样滑冰方面，1868年美国的丹尼尔·梅伊和乔治·梅伊首次表演双人滑，这是世界上有记载的最早的花样滑冰表演。1896年，在俄国圣彼得堡举行首次世界男子单人花样滑冰锦标赛。

世界范围之内的近代滑冰运动逐渐形成，在自然地理条件优越的斯堪的纳维亚半岛地区发展尤为兴盛。1901年，瑞典、挪威等国便举办了北欧冬季运动会，逐渐形成传统。顾拜旦先生在联络世界各单项协会、复兴奥林匹克的过程中，就萌生了单独举办冬季奥林匹克盛会的想法，但最初受到了主办北欧运动会的地区国家的反对。

△ 图1 北欧冬季运动会奖章一组（1909年）

△ 图2 北欧冬季运动会海报
（1909年）

　　1908年，伦敦奥运会首次将花样滑冰列为比赛项目，一时间引起了强烈的反响。1920年的安特卫普奥运又增加了冰球比赛项目，更加引起了世界体坛的兴趣。1924年巴黎奥运会举行的同一年，法国小镇夏蒙尼举办了"第八届奥林匹亚体育周"，设有滑雪、四人有舵雪橇、速滑、花滑和冰球等项目。体育周的成功举办，使得国际奥委会决定正式将冬季项目从夏季奥运会中分离，单独举办冬奥会，并在1926年里斯本召开的国际奥委会全会上追认夏蒙尼奥林匹亚体育周为首届冬奥会。

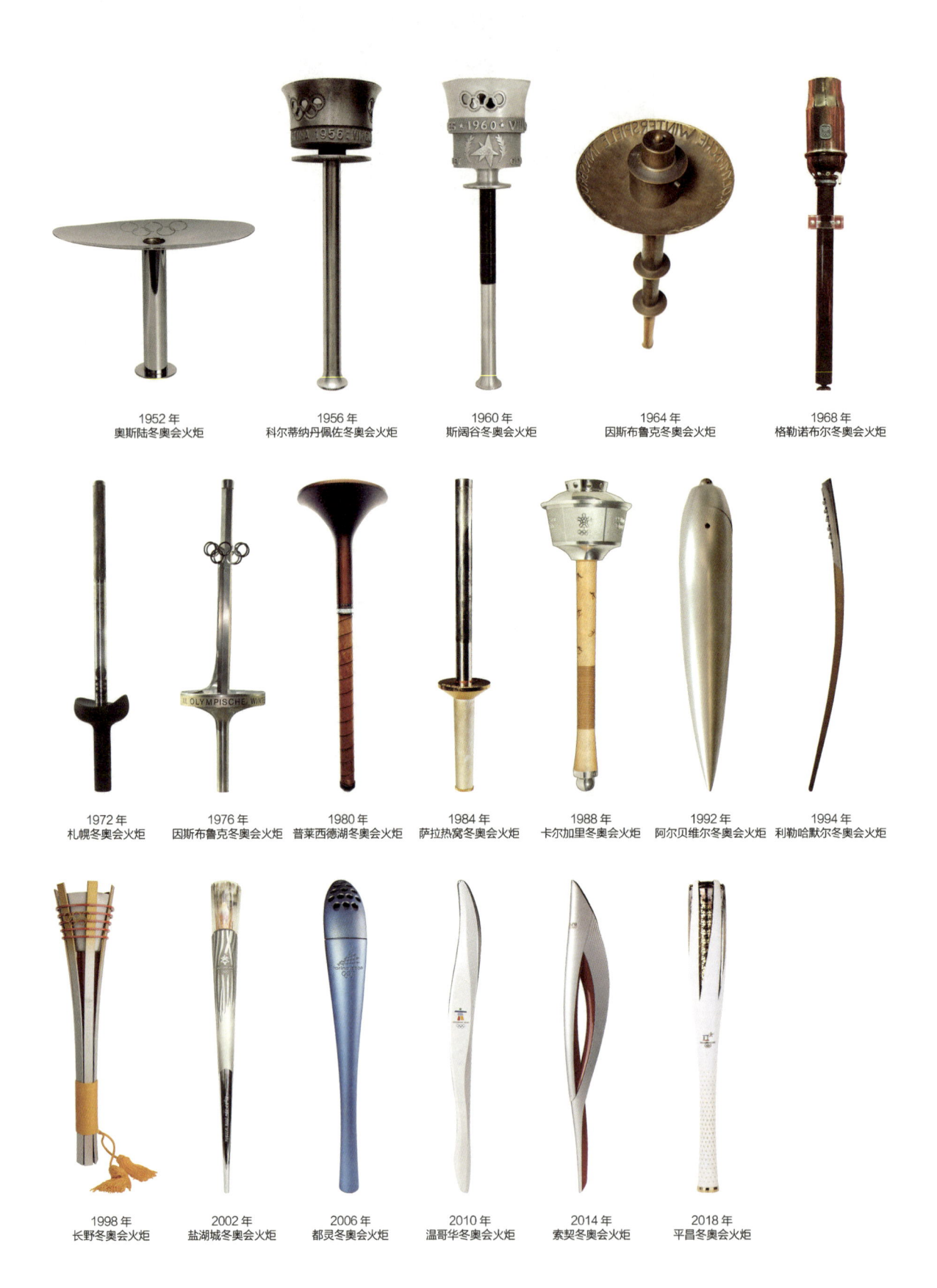

1952 年	奥斯陆冬奥会火炬
1956 年	科尔蒂纳丹佩佐冬奥会火炬
1960 年	斯阔谷冬奥会火炬
1964 年	因斯布鲁克冬奥会火炬
1968 年	格勒诺布尔冬奥会火炬
1972 年	札幌冬奥会火炬
1976 年	因斯布鲁克冬奥会火炬
1980 年	普莱西德湖冬奥会火炬
1984 年	萨拉热窝冬奥会火炬
1988 年	卡尔加里冬奥会火炬
1992 年	阿尔贝维尔冬奥会火炬
1994 年	利勒哈默尔冬奥会火炬
1998 年	长野冬奥会火炬
2002 年	盐湖城冬奥会火炬
2006 年	都灵冬奥会火炬
2010 年	温哥华冬奥会火炬
2014 年	索契冬奥会火炬
2018 年	平昌冬奥会火炬

△ 图3　冬奥会火炬

▶ 图 4
宋如海编《我能比呀·世界运动会丛录》（1930 年）

1928 年，第二届冬奥会在瑞士圣莫里茨举行。这也是第一次单独举行的真正意义上的冬奥会。共有来自 25 个国家的 464 名运动员参加了四个大项的比赛。中国对于冬奥会的了解，最早也来自这届比赛。同年举行第九届阿姆斯特丹夏季奥运会，中国代表宋如海与会并记录了当时国际奥林匹克运动的发展，他于 1930 年出版《我能比呀·世界运动会丛录》一书，其中就介绍了在圣莫里茨举行的冬奥会的情况，并配发了跳台滑雪、钢架雪车等比赛照片，这也是有资料记载的中国人第一次正式了解和介绍冬奥会。

1932 年，第三届冬奥会在美国普莱西德湖举办。1936 年，第四届冬奥会在德国加尔米施 – 帕滕基兴举办。随后，由于第二次世界大战爆发，原定 1940 年和 1944 年举行的两届冬奥会中断，直到 1948 年，第五届冬奥会才在瑞士圣莫里茨举办，共有 28 个国家和地区的 669 名运动员参加比赛。

1952 年，第六届冬奥会回到现代滑雪的诞生地挪威，主办城市奥斯陆，这也是冬奥会首次在一个国家的首都举行。这届比赛诞生了不少第一，对于体育收藏者而言，最重要的恐怕是冬奥火炬的首次出现，这把造型独特的火炬是冬奥火炬收藏中的精品。奥运圣火从著名滑雪运动员努尔海姆（Sondre Nordheim）家里的炉火中点燃，经过 94 名运动员的传递来到奥运主会场并点燃主火炬。东道主挪威的 28 岁速度滑冰运动员安德森（Hjalmar Andersen）在家乡父老面前，夺得 1500 米、5000 米和 10000 米三枚速度滑冰金牌，成为第一位在一届冬季奥运会中三冠加冕的运动员。

1952年第六届·挪威奥斯陆·冬奥会官方丝巾	 1956年第七届·意大利科尔蒂纳丹佩佐·冬奥会官方丝巾	 1960年第八届·美国斯阔谷·冬奥会官方丝巾	1964年第九届·奥地利因斯布鲁克·冬奥会官方丝巾
 1964年第九届·奥地利因斯布鲁克·冬奥会官方丝巾	 1968年第十届·法国格勒诺布尔·冬奥会官方丝巾	 1972年第十一届·日本札幌·冬奥会官方丝巾	1976年第十二届·奥地利因斯布鲁克·冬奥会官方丝巾
 1980年第十三届·美国普莱西德湖·冬奥会官方丝巾	 1980年第十三届·美国普莱西德湖·冬奥会官方丝巾	 1988年第十五届·加拿大卡尔加里·冬奥会官方丝巾	 1992年第十六届·法国阿尔贝维尔·冬奥会官方丝巾
 1994年第十七届·挪威利勒哈默尔·冬奥会官方丝巾	1998年第十八届·日本长野·冬奥会官方丝巾	 1998年第十八届·日本长野·冬奥会官方丝巾	 2002年第十九届·美国盐湖城·冬奥会官方丝巾
 2010年第二十一届·加拿大温哥华·冬奥会官方丝巾	 2014年第二十二届·俄罗斯索契·冬奥会官方丝巾	2018年第二十三届·韩国平昌·冬奥会官方丝巾	 2022年第二十四届·中国北京·冬奥会官方丝巾-申请

△ 图5　冬奥会丝巾

▶ 图6
奥斯陆冬奥会赛场明信片
（1952年）

1956年，第七届冬奥会在意大利科尔蒂纳丹佩佐举办，本届冬奥会第一次实现了电视转播。更有意义的是，苏联代表团首次参加冬奥会，就取得非凡战绩，超越所有对手取得奖牌榜第一。与此同时，正在努力学习现代冰雪运动的中国也把苏联当成了学习的榜样。

▶ 图7
科尔蒂纳丹佩佐冬奥会官方奖品（1956年）

4年之后的1960年，第八届冬奥会在美国斯阔谷举办。由于组委会拒绝投资建设雪橇赛道，因而雪橇比赛首次也是迄今唯一一次没有出现在冬奥会比赛中。同时，冬季两项首次成为正式比赛项目，瑞典运动员莱斯坦德（Klas Lestander）获得这个项目的奥运首金。此外，我国台湾代表团团长邓传楷携顾问郝更生、江良规及冰雪运动员等人考察观摩了此届冬奥会，这是中国人与冬奥会的首次接触。

1964年，第九届冬奥会在奥地利因斯布鲁克举办。36个国家和地区的1091名运动员参加比赛，参赛人数首次突破千人。

1968年，第十届冬奥会在法国格勒诺布尔举办。本届冬奥会也诞生了奥运会史第一个非官方的吉祥物——"雪士（Schuss）"。当时其实并无吉祥物一说，但这个卡通形象太受宠爱，频繁出现在各种纪念品上，于是也成了冬奥吉祥物的开山鼻祖。不过这对于我们体育收藏爱好者倒是一桩幸事，藏品因此丰富，历史和文化渊源也得以拓展。

1972年，第十一届冬奥会在日本札幌举办，这是亚洲国家首次举办冬奥会。

1976年，第十二届冬奥会在奥地利因斯布鲁克举办，这也是冬奥会再次回到因斯布鲁克，主委会也别出心裁地在开幕式上设计了点燃新旧两座主火炬塔的仪式。此届比赛，冰上舞蹈成为冬奥会正式比赛项目。吉祥物是一个长着长长的胡萝卜鼻子、手脚粗短的雪人（Schneemann）。雪人的头上带着一顶红色的帽子，是一种具有当地居民传统的帽子。丑萌的雪人形象表达了本届冬奥会组委会"简单的游戏"的办赛理念。

1980年，第十三届冬奥会在美国普莱西德湖举行。中国派出28名运动员参加了普莱西德湖冬奥会，这是新中国成立之后首次参加冬奥会，也是自1979年在国际奥委会合法席位得到恢复后，首次参加奥运会。对于中国冬季运动发展，自然具有非同一般的意义。当届吉祥物是一只名叫罗尼（Roni）的浣熊，也是冬奥历史上第一个以现实存在的动物作为形象的吉祥物。

△ 图8
格勒诺布尔冬奥会铜牌
（1968年）

△ 图 9
冬奥会吉祥物

  1984年，第十四届冬奥会在南斯拉夫萨拉热窝举行。冬奥会首次来到社会主义国家。维尔京群岛派出一名黑人运动员参赛，这也是冬奥会历史上首次有黑人选手参加。本届冬奥会的吉祥物Vucho，是一只狼。当届比赛，我中国大陆和台湾地区都派运动员参加，这是海峡两岸中国选手第一次同时参加冬奥会。

  1988年，第十五届冬奥会在加拿大卡尔加里举行。本届冬奥会首次将滑冰比赛安排在室内冰场进行，并首次使用了计算机控制的人工造雪机，解决了历年来的难题。卡尔加里冬季奥运会吉祥物是两只拟人化的北极熊，名叫Hidy和Howdy，他们的名字传达出加拿大人的热情与欢迎（Hi，Hello）。两只北极熊穿上牛仔装成对出现，在一届奥运会上同时出现两个吉祥物在奥运会历史上是首创，而且使用雌性吉祥物也是奥运会历史上的第一次。中国选手李琰在女子1000米短道速滑表演赛上斩获金牌，创造了中国代表团参加冬奥会的历史。

1924 年第一届·法国夏蒙尼·冬奥会官方海报

1928 年第二届·瑞士圣莫里茨·冬奥会官方海报

1932 年第三届·美国普莱西德湖·冬奥会官方海报

1936 年第四届·德国加尔米施-帕滕基兴·冬奥会官方海报

1948 年第五届·瑞士圣莫里茨·冬奥会官方海报

1952 年第六届·挪威奥斯陆·冬奥会官方海报

1956 年第七届·意大利科尔蒂纳丹佩佐·冬奥会官方海报

1960 年第八届·美国斯阔谷·冬奥会官方海报

1964 年第九届·奥地利因斯布鲁克·冬奥会官方海报

1968 年第十届·法国格勒诺布尔·冬奥会官方海报

1972 年第十一届·日本札幌·冬奥会官方海报

1976 年第十二届·奥地利因斯布鲁克·冬奥会官方海报

1980 年第十三届·美国普莱西德湖·冬奥会官方海报

1984 年第十四届·南斯拉夫萨拉热窝·冬奥会官方海报

1988 年第十五届·加拿大卡尔加里·冬奥会官方海报

1992 年第十六届·法国阿尔贝维尔·冬奥会官方海报

1994 年第十七届·挪威利勒哈默尔·冬奥会官方海报

1998 年第十八届·日本长野·冬奥会官方海报

2002 年第十九届·美国盐湖城·冬奥会官方海报

2006 年第二十届·意大利都灵·冬奥会官方海报

2010 年第二十一届·加拿大温哥华·冬奥会官方海报

2014 年第二十二届·俄罗斯索契·冬奥会官方海报

2018 年第二十三届·韩国平昌·冬奥会官方海报

2022年第二十四届·中国北京·冬奥会官方海报

△ 图10　冬奥会海报

1992年，第十六届冬奥会在法国阿尔贝维尔举办，这也是最后一届与夏奥会在同一年举行的冬奥会。叶乔波在女子速度滑冰500米比赛中获得银牌，实现了中国冬奥会史上奖牌零的突破。阿尔贝维尔冬奥会的吉祥物是第一个与动物无关的吉祥物——冰上精灵。它由一个代表冰块的立方体和一颗代表梦想和创造力的星星组成，身体的颜色是法国国旗的蓝色，头上带着高高的帽子，帽子的颜色是法国国旗的红色，胸前有法国国旗蓝白红三种颜色的三条线。

1994年，第十七届冬奥会在挪威利勒哈默尔举行。吉祥物来自挪威童话故事的两个主角，并以故事中的两个孩子Hakon和Kristin命名，使得这届冬奥会的吉祥物与历届奥运会不相同，充满故事性。中国代表团在利勒哈默尔冬奥会上共获得1枚银牌和2枚铜牌，名列奖牌榜第19位。陈露为中国首夺花样滑冰冬奥会奖牌（铜牌）。

1998年，第十八届冬奥会在日本长野举行。单板滑雪第一次成为冬奥会的比赛项目，冰壶也正式成为冬奥会正式比赛项目。长野冬奥会的吉祥物是由4只形态怪异的猫头鹰组成。组委会分别给这4只吉祥物起名为寸喜、能城、家喜和部木。这4个名字的日文正好可以拼读出"Snowlets"，成了英文的"雪上小精灵"。

2002年，第十九届冬奥会在美国盐湖城举行。在短道速滑女子500米决赛中，中国队的杨扬获得冠军，实现了中国冬奥会历史上金牌零的突破。中国队最终获得2枚金牌、2枚银牌、4枚铜牌，位居奖牌榜第13位。这届冬奥会吉祥物是三个不同的动物形象，它们分别是雪兔、北美郊狼和美洲黑熊。这三只动物代表着奥林匹克的精神：更快、更高、更强。善于奔跑的雪兔代表更快，善于爬上山顶的郊狼代表更高，力大无穷的黑熊代表更强。

1924年第一届夏蒙尼冬奥会参与奖章　　1928年第二届圣莫里茨冬奥会参与奖章　　1932年第三届普莱西德湖冬奥会参与奖章

1936年第四届加尔米施-帕滕基兴冬奥会参与奖章　　1948年第五届圣莫里茨冬奥会参与奖章　　1952年第六届奥斯陆冬奥会参与奖章

1956年第七届科尔蒂纳·丹佩佐冬奥会参与奖章　　1960年第八届斯阔谷冬奥会参与奖章　　1964年第九届因斯布鲁克冬奥会参与奖章

1968年第十届格勒诺布尔冬奥会参与奖章　　1972年第十一届札幌冬奥会参与奖章　　1976年第十二届因斯布鲁克冬奥会参与奖章

1980年第十三届普莱西德湖冬奥会参与奖章　　1984年第十四届萨拉热窝冬奥会参与奖章　　1988年第十五届卡尔加里冬奥会参与奖章

1992年第十六届阿尔贝维尔冬奥会参与奖章　　1994年第十七届利勒哈默尔冬奥会参与奖章　　1998年第十八届长野冬奥会参与奖章

2002年第十九届盐湖城冬奥会参与奖章　　2006年第二十届都灵冬奥会参与奖章　　2006年第二十届都灵冬奥会参与奖章

2010年第二十一届温哥华冬奥会参与奖章　　2014年第二十二届索契冬奥会参与奖章　　2018年第二十三届平昌冬奥会参与奖章

△ 图11　冬奥会参与奖章

1964 年第九届·奥地利因斯布鲁克·冬奥会官方纪念瓷器

1968 年第十届·法国格勒诺布尔·冬奥会官方纪念瓷盘

1972 年第十一届·日本札幌·冬奥会官方纪念瓷瓶

1972 年第十一届·日本札幌·冬奥会官方纪念瓷瓶

1976 年第十二届·奥地利因斯布鲁克·冬奥会官方纪念瓷盘

1980 年第十三届·美国普莱西德湖·冬奥会官方纪念瓷盘

1980 年第十三届·美国普莱西德湖·冬奥会官方纪念瓷盘

1984 年第十四届·南斯拉夫萨拉热窝·冬奥会官方纪念瓷盘

1984 年第十四届·南斯拉夫萨拉热窝·冬奥会官方纪念会徽瓷盘

1992 年第十六届·阿尔贝维尔·冬奥会纪念瓷盘

1992 年第十六届·法国阿尔贝维尔·冬奥会官方纪念瓷盘

1994 年第十七届·挪威利勒哈默尔·冬奥会官方纪念瓷盘

1998 年第十八届·日本长野·冬奥会官方纪念会徽瓷盘

2002 年第十九届·美国盐湖城·冬奥会官方纪念瓷盘

2014 年第二十二届·俄罗斯索契·冬奥会官方纪念瓷盘

△ 图 12　冬奥会瓷器

△ 图 13 冬奥会门票

▷ 图 14
冬奥会各国代表团手册

  2006年，第二十届冬奥会在意大利都灵举行。中国队共获得2金4银5铜，名列奖牌榜第14位。韩晓鹏在自由式滑雪男子空中技巧比赛夺得金牌，实现了我国冬奥会雪上项目金牌零的突破。本届的吉祥物是拟人化的雪球和冰块，代表着冬奥会不可或缺的两大基本要素：雪和冰。在这两个吉祥物中，女孩内韦穿红色衣服，流畅圆润的形状代表运动的和谐和优雅，男孩格利兹穿蓝色衣服，棱角分明的外形代表运动员的力量和毅力。

  2010年，第二十一届冬奥会在加拿大温哥华举行。中国队以11枚奖牌（5金2银4铜），打破2项世界纪录和4项奥运会纪录的成绩名列奖牌榜第7名，创造了中国队参加冬奥会以来的最好成绩。温哥华冬奥会的吉祥物是米加（Miga）和魁特奇（Quatchi），另外还有一直陪衬的吉祥物穆克穆克（Mukmuk）。

  2014年，第二十二届冬奥会在俄罗斯索契举行。奥运火炬顺利完成史上首次"太空之旅"。索契冬奥会的吉祥物是雪豹、北极熊和兔子，它们是在整个俄罗斯范围内投票选出的，这是奥运历史上首次对吉祥物进行全国投票。中国队以3金4银2铜的成绩名列奖牌榜第12名。在该届冬奥会上，张虹夺得速度滑冰女子1000米冠军，实现了中国速度滑冰项目冬奥会金牌零的突破。

2018年，第二十三届冬奥会在韩国平昌举行。本届冬奥会的吉祥物为名叫"Soohorang"的白老虎。中国队以1金6银2铜的战绩位于奖牌榜第16位。

△ 图15　奥林匹克勋章（银质）
国际奥委会为了表彰在体育工作中做出突出贡献或在体育运动中取得优异成绩而授予的一种荣誉，始于1974年，分金、银、铜三种材质，分别授予对奥林匹克运动做出贡献的国家领导人、体育界知名人士和运动员

参考文献

1. 宋如海《我能比呀·世界运动会丛录》，商务印书馆，1930年。

2. 齐守愚《花样滑冰术》，天津利生工厂，1937年。

3. 华竞武《跑冰术》，上海启明书局，1939年。

4. ［苏］恩·阿·巴宁《花样滑冰》，人民体育出版社，1954年。

5. ［苏］弗拉索夫、基谢廖夫《向苏联滑冰队学习》，人民体育出版社，1955年。

6. ［苏］索科洛夫《速度滑冰》，人民体育出版社，1957年。

7. 王冠英、刘敏庆《在银光闪烁的道路上：谈谈新中国的滑冰运动》，人民体育出版社，1959年。

8. 武兆堤、房友良《冰上姐妹》，中国电影出版社，1960年。

9. （清）潘荣陛、（清）富察敦崇《帝京岁时纪胜·燕京岁时记》，北京古籍出版社，1961年。

10. 体育院、系教材编审委员会《中国近代体育史》编写组《中国近代体育史》，人民体育出版社，1985年。

11. 陕西省体育文史工作委员会《陕甘宁边区体育史料（1935–1948）》，西安地质学院印刷厂承印，内部资料，1986年。

12. 体总陕西分会史料编审组《陕西体育史料》第9期，陕甘宁边区体育史料座谈会筹备组印，内部资料，1986年。

13. 成都体育学院体育历史研究所《中国近代体育史资料》，四川教育出版社，1988年。

14. 谷世权、林伯原《中国体育史（下）》，北京体育学院出版社，1989年。

15. 国家体委体育文史工作委员会、中国体育史学会《中国近代体育史》，北京体育学院出版社，1989年。

16. 陕甘宁边区体育史编审委员会《陕甘宁边区体育史》，陕西人民出版社，1990年。

17. 中国滑雪协会《中国滑雪运动资料选辑》，中国滑雪协会，1991年。

18. 李润波、冯艺、冯建忠《中国百年体育图志》，中国华侨出版社，2001年。

19. 国家体育总局体育文化发展中心、中国滑雪协会《中国体育单项运动史丛书·中国滑雪运动史》，武汉出版社，2006年。

20. 国家体育总局体育文化发展中心、中国滑冰协会《中国体育单项运动史丛书·中国滑冰运动史》，武汉出版社，2006年。

21. 徐文东、朱志强《中国冬季运动史》，人民体育出版社，2006年。

22. 王增明、曾飙《中国红色体育史》，西北大学出版社，2013年。

23. 党挺《中国红色体育文化研究》，北京体育大学出版社，2013年。

24. 赵晶、阎育东《中国参加冬季奥林匹克运动会考证》，北京体育大学出版社，2014年。

25. 单兆鉴、阿依肯·加山《阿勒泰国际古老滑雪文化论坛报告》，光明日报出版社，2016年。

26. 郭磊《冰雪鉴·冰鉴：时光里的冰上运动》，北京出版社，2018年。

27. 单兆鉴《冰雪鉴·雪鉴：人类滑雪的摇篮》，北京出版社，2018年。

28. 郭磊《清代冰嬉考》，北京出版社，2020年。

后 记

　　从中学时期起，我就喜欢上古钱币等小古董的收藏，未曾想后来收藏竟成为我的职业。到现在我已经从事文博工作及个人收藏共40余年。百姓收藏，是在某种兴趣下没有趋利意识的专一而执着的爱好。由起初一个新知识获得的喜悦坚定了"收藏"，到多个新知识获得的喜悦笃定了"专项收藏"，收藏成魔成瘾，乃至耗尽精力苦苦地满世界寻求。收藏的"宝贝"放满了所能支配的地方，到底收藏了多少件？自己也说不清楚，最终说得清道得明的是每一件藏品的收藏过程，津津乐道的是整个"收藏过程"收于心中藏于胸怀。最终收藏的是收藏过程。

　　1993年4月，中国文物学会成立民间收藏委员会，7—10月主办了首届全国民间收藏展览的大型活动。当时中国第一次申办奥运会进入冲刺阶段（9月24日以两票之差失利），刚成立三年的中国体育博物馆参加并举办了大型体育藏品展览。在首届全国民间收藏展览上，组委会给了我一个独立的小展室。我这次展出用古钱币交换来的1980年莫斯科奥运会、1984年萨拉热窝冬奥会等体育及其他藏品。在其中一个展柜里，我将奥运徽章、奥运铜章拼图成奥运五环形和"2000"图形，表示对北京申办2000年奥运会的期盼与支持。

　　收藏爱好者都有追求专项收藏与藏品无限完美的情怀或执拗，对向往却没能力拥有的专题藏品更是日思夜想。即使遇到资金乏力未能收到，依然努力着不让专题藏品的文化内容断链子。痛心它们散落民间及各类博物馆的零打碎敲，得不到系统支撑形成组合拳分享于社会。好在有前瞻性眼光的收藏爱好者，用真实藏品展现了真历史、体现了真艺术、传承了真文化。它们的历史感，不论价格贵贱都会随着时间的推移越来越厚重，文化艺术性越来越凝重，带动着其经济价值自然增值，市场认知度会越来越高，在丰富了收藏知识与文化的同时脱贫致富，"富"是指精准"扶贫"过往的投资。收藏最为诟病的就是"天上掉馅饼"——捡漏一夜暴富的幻想，提倡和鼓励日积收藏文化与月累收藏物件，在文物保护与收藏的践行中集腋成裘、聚沙成塔。

我在幼年意外患上腿疾，但渴望与正常人一样跑跳，祈盼运动竞技上与他人一样，崇尚自强与公平、友谊、进步，收藏体现"更快、更高、更强——更团结"精神的体育文物活动，是适合我因人制宜、因身施教的理想世界。体育文化（收藏），是被社会长期忽视的版块，其价值亦被严重低估，是国际性"通用语言"收藏的盲区。从认识到实践，我逐渐把自己最初收藏的陶瓷书画等古董，转换成了体育、奥林匹克主题藏品。体育藏品，是最包容、最大众、最直观、最和平的国际性艺术语言。

20世纪90年代末，我阅读了崔乐泉博士等专家的中国古代体育及奥林匹克历史类专著，受益良多，并多次向专家当面请教。此后结合自己在文博单位工作的便利，1998年开始开发设计"中国古代体育文物纪念金银盘"，2001年开发设计出中国体育博物馆监制、何振梁先生题词"体坛盛会　相约北京"的历届奥运会主办城市纪念银盘。2003年完成了"2008年北京奥运会中国体育文物纪念金银盘"的开发设计，此后由2008北京奥组委授权、中国金币总公司发行、沈阳造币厂制作，多位国家领导人和国际奥委会主席都曾将其作为馈赠品使用，国家领导人赠送的银盘还曾被国际奥委会博物馆巡展。

2004年，与上海箸（筷子）收藏家蓝翔前辈共同编写出版了中国第一本体育收藏类书籍《体育收藏文化博览》。

因自己已经收藏中国古代、近现代及奥林匹克藏品2万余件，多年来一直希望有机会出版几部体育分类收藏专题书，深感自己这个"仓库保管员"可支撑收藏专业理论和体育史实的定论太少，并与国际收藏并轨不足，故已草拟的几本一直未能成书。

此书编写时就延安时期冰雪体育活动情况，请教了红色体育史泰斗王增明教授，也请"雪泰斗"单兆鉴前辈等专家过目，还得到了多位朋友的帮助，在此表示真挚的感谢！由于我水平有限，成书匆忙，书中难免存在疏漏之处，敬请广大读者批评指正。

年近花甲，收藏40余年，历经逾千古玩城、逾万家古董店的寻寻觅觅，自己体育（奥林匹克）藏品在故宫博物院、首都博物馆、天津博物馆、武汉博物馆、天津市体育博物馆等地展览50余次，其中多次有幸为国家承办展览，使收藏有了社会价值与意义。

收藏有所欣慰的同时深感愧对家人，尤其缺失了对家人的陪伴。几十年来我没有一次旅游，也几乎没有节假日。我购买藏品从不吝啬，只要有钱，就买最好、最贵的。对其他物品，我则要最普通、最便宜的。我身上穿的、用的，从里到外、从上到下都是有"洞"的"古董"。夫人小杨多次"扬言"："再往家买东西（藏品）或者收到快递，我就直接把它扔进垃圾箱。"但她仍在仓库和我无处下脚的"办公室"帮我整理"永无止尽"的藏品，并多次在寒冷之夜和衣睡在办公室的沙发上。愿饱含着"苦行僧"收藏艰辛的此书，能略表对亲人的歉意和对帮助支持我的朋友们的谢意！

每届奥运盛会都会过去，但体育藏品是永不落幕的奥运会，是体育精神传承与铭记的载体，是奥林匹克精神的化石。愿此小书能成为文化与体育事业发展大道上的一颗小铺路石。

李祥

2021年10月10日卯时 于北京